创新工场

斜杠思维

如何打造独特而强大的自品牌

吕嵘 王相天 著

電子工業出版社
Publishing House of Electronics Industry
北京 • BEIJING

内容提要

移动互联网时代，自品牌的塑造已经成为一个人生存与发展的王道。这本书跨界职场与互联网平台双通道，从经营平台赛道、个性化身份塑造、多重身份塑造、内容型IP、精简身份标签、变身职场创客等不同角度，帮你开启个人品牌的塑造和营销路径，帮你开创多方位的职业发展局面，帮你有方向、有套路地建立个人竞争优势，帮你更主动、更可控地面对已经到来的时代变革。

图书在版编目（CIP）数据

斜杠思维：如何打造独特而强大的自品牌 / 吕嵘，王相天著．—北京：电子工业出版社，2018.3
（创新工场）
ISBN 978-7-121-33489-4

Ⅰ．①斜…　Ⅱ．①吕…　②王…　Ⅲ．①互联网络－应用－品牌战略－研究　Ⅳ．①F272.3-39
中国版本图书馆CIP数据核字（2018）第009028号

策划编辑：郑志宁
责任编辑：郑志宁
文字编辑：杜　皎
印　　刷：北京虎彩文化传播有限公司
装　　订：北京虎彩文化传播有限公司
出版发行：电子工业出版社
　　　　　北京市海淀区万寿路173信箱　　　邮编：100036
开　　本：720×1000　1/16　　印张：18.25　　字数：203千字
版　　次：2018年3月第1版
印　　次：2019年11月第4次印刷
定　　价：49.80元

凡所购买电子工业出版社图书有缺损问题，请向购买书店调换。若书店售缺，请与本社发行部联系，联系及邮购电话：（010）88254888，88258888。
质量投诉请发邮件至zlts@phei.com.cn，盗版侵权举报请发邮件至dbqq@phei.com.cn。
本书咨询联系方式：（010）88254210，influence@phei.com.cn，微信号：yingxianglibook。

斜杠思维

目录

第二章

激活个人品牌

身份的属性
从同质化到个性化

2

第三章 创建多重身份

身份的规划
从灰度到个性

第四章

内容型 IP 的养成

身份的深度经营
从自我展示到变现

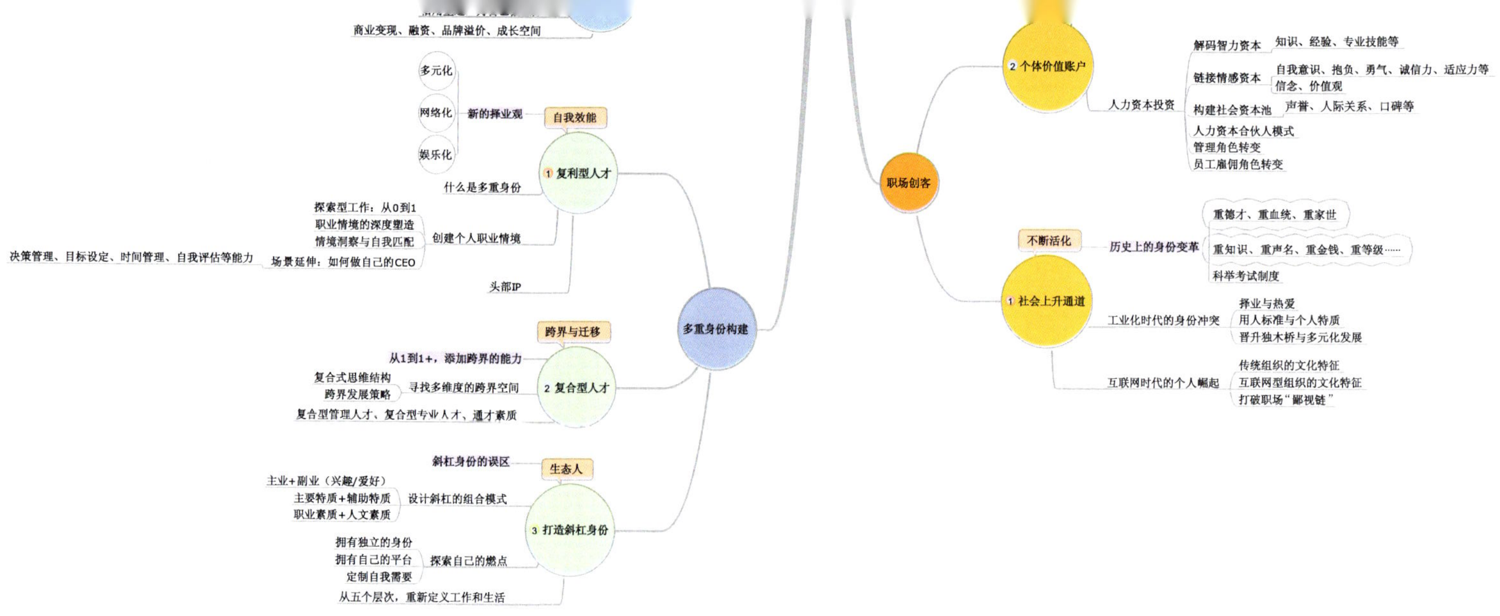

图1　思维导图：自品牌的构建框架

第五章 勾勒自品牌画像

身份的引擎
从刻板标签到高能标签

第六章 个性化职场

身份的转型
从雇员到合伙人

斜杠思维
——序言——

现在开始，以自己的名义规划人生

移动互联网时代，当一个个自品牌开始涌现且逐渐走向强大时，自品牌的塑造已经成为一个人生存与发展的王道。它启动了新层次的竞争，开启了新的上升空间——并且，没有天花板。

不管我们在意或不在意，如何以自己的名义与这个世界和时代相守，这都已成为一个绕不开、扯不断的人生显学。

自品牌，是自己打造的个人品牌。它为每个人带来身份转变的压力和跃跃欲试的紧迫感。

当危机、趋势、机会在时代转型期里并存的时候，自品牌建设是能够承前启后并实现个人转型的关键选项。

内容概要

本书从不同角度开启自品牌的塑造和营销之路：

第一章，经营平台赛道，定位平台角色

如何分类经营与你有不同契合度的平台？

如何在各类平台上重构新的角色和职业模式？

打造自品牌的路径之一：平台 + 个人组合

有与你深度协同的平台越来越重要，而不只是有一个聘用你的公司。

自品牌是引擎，有自品牌背书的人，在互联网平台上能更快地跨界流动与高效配置。只有不断地积累自品牌的认知度，才能不被湮没，才能获得优质的资源和机会。

第二章，解码身份属性，激活品牌引爆点

个人品牌中，有哪些令人心动的引爆点（兴奋点）呢？

打造自品牌的路径之二：个性身份塑造

以自己为核心、内外兼修地深度辐射自己的“看点”——自我形象、独特认知、情怀与价值观、社交圈层、商业影响力……表明一个人身份的属性越鲜明，品牌越有辨识度，越能够为自己的个性代言。

第三章，打开多重身份，释放多元化价值

如何打开被折叠、被隐匿、被漠视的身份，释放完整的自己？

打造自品牌的路径之三：多重身份塑造

自品牌是身份的多点突破，它并不只是沿着时间轴在长度上奔跑，执着于追求一个大而全的身份。

它让身份碎片化，可以小而美地去实现自己的宽度。创建适合自己的职业情境，产生自我融合的创意成果。在多次元里跨界，展现自己的多样性特质。通过职业组合、收入组合等获取自己可控的安全感和幸福感。

第四章，个人 IP 化，开拓内容型创业

如何找到自己的段位，实现内容创业？

如何打造自己的极致产品，成为细分领域的 IP？

打造自品牌的路径之四：做出自己的段位

知识技能型 IP、人格化 IP 和 IP 的情境化开发，构成了具有综合魅力的内容型 IP。

个人 IP 化，不仅是成功的自我赋能，而且还是自品牌在用户 / 粉丝心目中心智认知的塑造，是自品牌的深度经营。

第五章，勾勒身份画像，设计自品牌标签

如何引导别人对你的认知，展示清晰的自品牌形象？

打造自品牌的路径之五：精简自己的身份

剪辑身份切片，设计精细化的标签，快捷地展示身份，减少别人对你的认知成本。

在智能搜索与个性化搜索的时代，标签与身份画像具有身份快照的作用，是为自品牌点睛，也是自己的网络名片。

第六章，投资自我价值，变身职场创客

如何让组织发展与个人发展的夹角最小化，让员工成长为公司的合伙人？

如何在职场中开发智力资本、情感资本、社会资本等人力资本价值？

打造自品牌的路径之六：开发人力资本价值

你周而复始地忙碌，是否能不断地为个人价值账户储值投资，建立职场自品牌？

全民创客的理念催生每个人自主创新与创业的意识，各类企业开始寻求用个性化管理替代精英管理，让每个人成为高价值员工。

个性化职场正在引领新一轮的职场变革，并驱动着每个人寻找新的职业增长方式。

阅读本书后的收益

■ 建立自品牌的内在框架

自品牌不是转瞬即逝的爆款、喧嚷一时的网红、片刻热度的话题，它是用独特的自品牌套路，去持续塑造自己。

■ 设计自品牌的增强之路

定制自品牌的营销路径，获得社会认同。

■ 积累自品牌的价值

自品牌可以按照自己的优势、兴趣、时间和资源等去创造，是一种职场创业，也是一种创意生活。能够从中获得自我发展的动力，以及收获各种显性和隐性价值。

这是一个品牌小时代，每个人都是一个独立的品牌，都是个人品牌的创意设计师和首席执行官。

个人品牌的塑造，将带来身份的裂变。拥有什么样的身份将伴随着我们一生的体验。横看成岭侧成峰，远近高低尽在自品牌。

你若盛开，蝶自飞来。

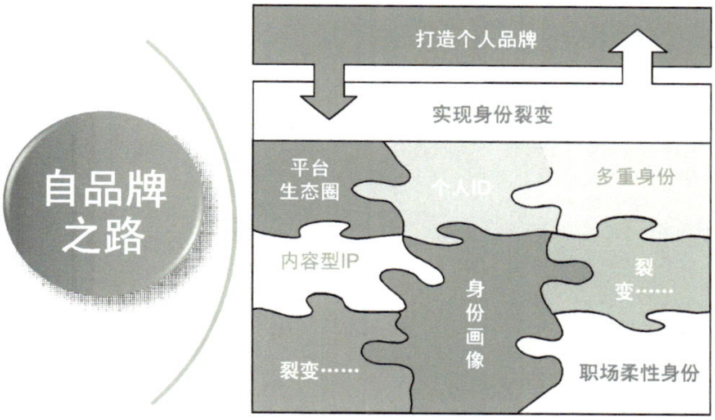

图 2　自品牌的塑造

如何阅读本书

- 本书首尾两章，第一章和第六章，谈到了个人发展环境的变化，包括互联网人才共享平台和企业职场平台的崛起。关注个人身份与时俱进以及探索职业转型之路的读者可以先读这两章。
- 第二章到第五章，从独立建设自品牌的视角，讲述个人身份正在经历的种种多元化、个性化、纵深化的裂变之路。从被动到主动，一点点、一步步、一面面地打开身份的格局。
- 各章和各节都自成独立性框架，可选择性地跳读；也可从头至尾地顺读，体会贯穿整体的逻辑。每一章都可以成为更好地理解其他章节的背景内容。
- 导语、小结、思维导图：

  各章和各节前有简单的导语，在正文开始前，对每个主题先做一个开放的思考；

  各章都绘有一个思维导图，建立支撑所有主题的思维脉络；

  各节后有小结，以分类总结的形式，对内容做概要提炼，对每个主题做总结，首尾相顾，方便理解。

第一章　共享平台上的自品牌

洞察人才共享平台的商业模式，寻找契合自己的路径和角色。

身份的破冰
从螺丝钉到自品牌

破冰，加入人才共享的时代进程，注入自己的新身份。

任何一个时代，都没有像互联网时代有这么多赛道可以去经营自己，有这么多角色可以去代入自己，有这么多牵引力可以让人生不仅有长度，有深度，而且还能有宽度。

共享经济的理念催生了各种各样的人才共享模式，促进了人才资源从企业内部网络流入整个产业、地区，跨区域、跨国际的大循环中，自由职业、兼职、众包已从新生事物形成发展之势。

越来越多的人不再只依赖公司形态而存在，不再用雇主品牌证明自己，而是开始重构自自品牌，做自己的人生设计师。

个人不再是只能配置在一个组织、一个岗位上的螺丝钉，不再是每天要嵌套到既定的流程中去循环往复的角色，而是从固化的身份中破冰，变身为各类平台上的赛车手，拥有更多柔性的身份，去体验世界和实现自我价值。

我们正在面对新的个人、职场、平台的生态圈，它可以从如图 1–1 所示中展开，但其铺展的人生精彩场景却远不止于此……

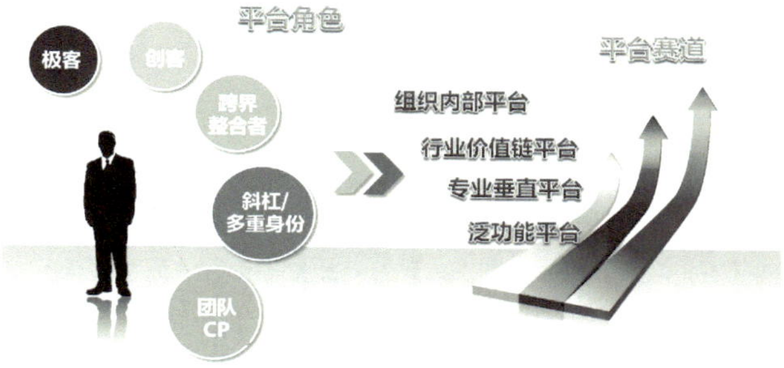

图 1–1　平台 + 个人的新生态圈

思维导图：平台 + 个人的新生态圈

本章将从人才共享经济、共享平台的赛道、平台生态圈的角色这三个维度，探讨如何在共享平台上创造个人的独特性和经营自我价值。以上各维度的构建要素如图 1–2 所示。

1. 人才共享经济

人才共享是对时间、知识和技能实现共享，以发挥每个人的最大效能和价值。

对个人特质的开发识别、对互联网平台的经营协作、对个人品牌的塑造和营销，将成为职业发展的新核心竞争力。

2. 共享平台的赛道

根据不同平台的定位和功能，建立能助力自己的个人赛道。

——在泛功能平台上有效抓取资源，与平台深度契合；

——在专业垂直平台上经营个人专注力，关注你的专业方向、同行的伙伴和共处的环境，以此来实现职业升级；

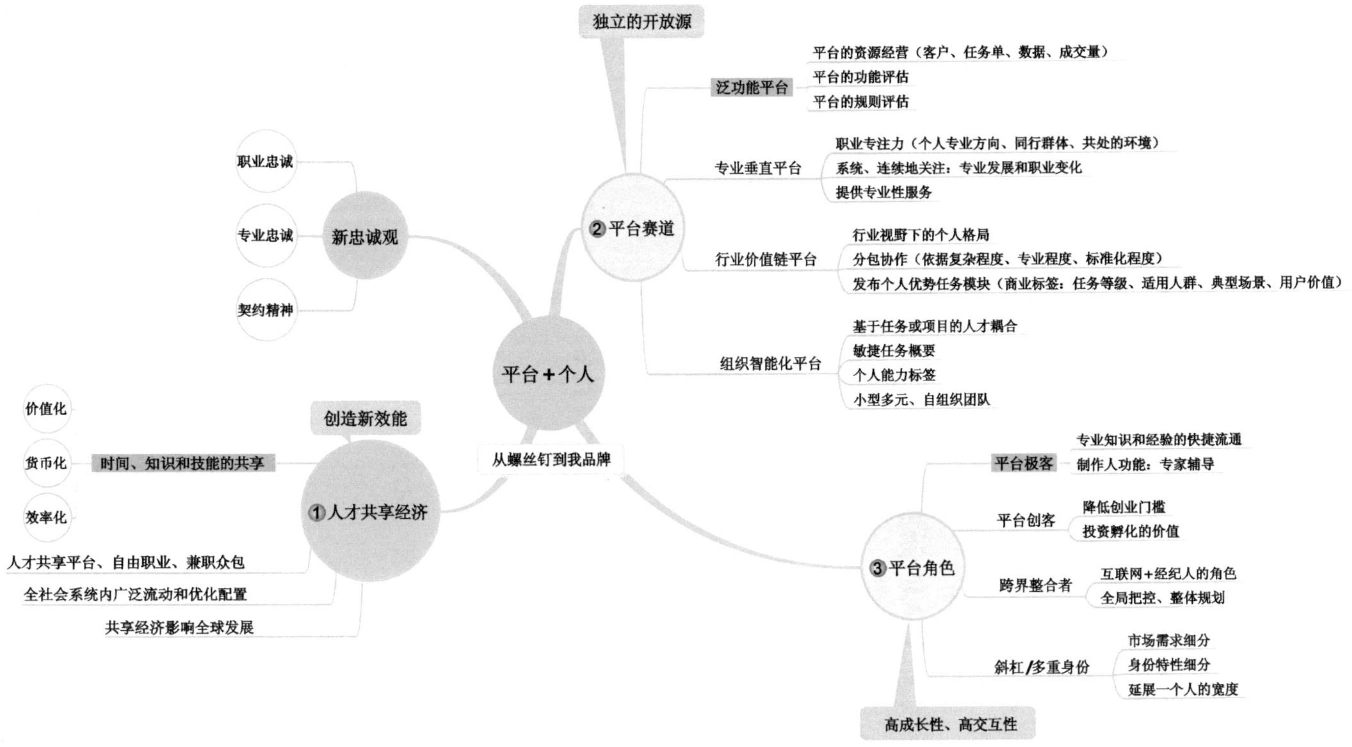

图 1-2　思维导图：平台 + 个人的新生态圈

——在行业价值链的大网络协作平台上，以“工作任务”为基础，展开分包协作；

——在组织内部协作的智能化平台上，细分个人能力标签，让自己能被快速搜索和辨识，能与其他人高效互联，形成能力互补的团队（王道组合）、自组织联盟……

个人赛道的经营是一个组合策略：每个人不一定只有一个赛道去经营自己，也很难有一个赛道能完全实现自己。灵活组合各类平台的功能，设计自己在各平台上的落地策略，才是王道。

3. 平台生态圈的角色

“平台 + 个人”这种人才共享的新商业模式，替代了“组织 + 雇员”的传统雇佣模式，产生了很多新的角色。他们和平台组合在一起形成了具有高成长性、高交互性的新生态圈。

——细分领域里各类专业极客的崛起；

——依托平台资源，实现低成本创业的创客；

——擅长跨界整合自己与他人资源，进行全局规划的新经纪人；

——用一条条斜杠来细分自己身份的特性，开启各种兴趣、特长，拥有不同分发平台的“百变大咖”……

这些群体在平台里获取了高价值的商业回报、被投资孵化的机会和始终围绕自己增长的流量，可以说他们已经到达了人生舒适区、安全区。

新生态圈的建立让更多的人意识到人生不必只沿着一个组织的职业通道爬梯子，不必担心没有晋升机会遭遇职场天花板，不必在 35 岁时就开始忧虑职业衰退期，不必没有选择地在设定好的工作圈子里耗能……可以按照自己的特质、优势、兴趣，拥有生活与工作规划的自由，可以按照自己的方式管理自己，最后创建斜杠思维，实现身份裂变，创造自品牌。

人才共享经济，创造新效能

互联网人才共享时代，人才应该没有边界，跨界流动寻求发展。

原 Uber 中国公关总监、优客工场执行合伙人高超总结了自 2015 年——共享经济的元年——开始，共享经济以裂变之势汹涌而来，深刻改变着大众的衣食住行、工作、健康、娱乐等方方面面，包括国外的 Uber、Airbnb、WeWork，到中国的滴滴、ofo、优客工场、小猪短租、在行等，推动着我们迅速进入一个“共享新纪元”。

2016 年 5 月在贵阳举行的大数据产业峰会上，滴滴出行创始人、董事长兼 CEO 程维介绍说，滴滴已有了 3 亿注册用户和 1400 万名司机，在滴滴平台上实现直接就业的司机超过了 100 万人。滴滴专车、快车服务订单日均已超过 1000 万，平台日服务总订单已超过 1300 万，是全世界范围内移动出行第一次突破千万量级。

据普华永道管理咨询公司的报告，2014 年全球共享经济的市场规模已位居各行业经济第五名，约 150 亿美元；预计到 2025 年将增长至 3350 亿美元。共享经济正在成为影响全球发展的新力量。

据中国国家信息中心共享经济研究中心 2017 年 2 月发布的《中国共享

经济发展报告2017》，2016年中国共享经济市场交易额约为34520亿元，比上年增长103%，参与总人数达到6亿，比上年增加1亿人左右。该报告预测，未来几年共享经济仍将保持年均40%左右的高速增长，到2020年共享经济交易规模占GDP比重将达到10%以上；到2025年占比将攀升到20%左右。共享经济俨然已成为未来社会消费升级的发展趋势。

Uber、滴滴共享车，Airbnb共享居住空间，优客工场共享办公空间……共享经济从对物的共享、空间的共享开启了经济新业态，创造了经济新业绩，并将发展到对人的共享。

人才共享时代，新的人才理念和用人模式在不断涌现：

1. 时间、知识和技能被充分共享，发挥每个人的最大效能

“不求为我所有，但求为我所用”——这是互联网时代人才共享的新理念。

人才共享是对人才的企业所有制、地区所有制、国家所有制的一种挑战，客观上要求从更广的角度、更大的范围、更高的效率来配置人力资源，让人才的能量和数量都得到释放。

人才不仅仅是隶属于某个企业的被雇佣者，而且是独立的产品/服务的提供者。“平台+个人”的组合模式是未来社会的普遍形式。各种众包平台在全世界范围内为人才和需求方提供交易服务，人们的工作方式逐渐开始围绕互联网平台上各种各样的工作任务单展开，人们的时间和知识技能也在重新组合，不断向着符合个人发展需求的方向优化。

例如，快约APP是一个时间和技能服务的零售平台。你可以用自己的手机“开店”，售卖自己的特长或者时间；也可以基于地理位置信息快速约到你需要的人，购买他的时间帮你解决所需，如找模特、找美发师，或者交换工作、交换技能服务。人才共享将人们闲散的时间价值化和货币化。

服务众包平台猪八戒网的创始人朱明跃说："猪八戒网通过十年的努力，证明了智慧共享无论对于雇主端的利益最大化，还是对于服务领域从业者的孵化成长都是有帮助的。我们希望再花十年的时间推动共享经济在中国的蓬勃发展，推动共享经济平台服务成为主流市场的有力支撑。"

企业在人力资源的管理上也开始由"独有"向"共有"转变，择需而用、择优而用，以最经济的方式得到最匹配的人才。

2. 人才共享模式不断创新，越来越灵活、丰富

人才共享平台、自由职业、兼职众包等模式已从新生事物渐成发展之势。

美国最大的为自由职业者服务的平台 Upwork，是全球最大的人力外包服务市场。据 Upwork 的 CEO 估计，未来全球自由职业市场规模可达 2 万亿到 3 万亿，人才共享市场有巨大发展潜力。

在中国，提供临时服务、满足临时需求的斗米兼职平台，上线仅 100 多天，用户量、商户数据、交易流水等都是行业第一。市场对兼职人才的需求量在不断增长，众多有各类技能的人愿意利用自己的碎片时间来提供服务，将时间转化成为经济效益。

专注于互联网职业机会的拉勾网，上线了企业外包平台"大鲲"。通过众筹、在线协作或按需雇佣的方式，连接互联网公司和人才，展开项目合作，打造高效的人才共享模式。

而企业的工作众包模式也越来越多样。这种众包模式是指一个公司或机构把过去由员工执行的工作任务，以自由自愿的形式外包给大众网络的模式，如委托共享、借用共享、购买共享、项目式共享、候鸟式共享等（参照百度百科的定义）。

3. 人才在更广阔的网络里加速流动

人才共享的理念和模式促进了人才资源从企业内部网络流入到整个产业、地区，跨区域、跨国际的大循环中，在全社会系统内广泛流动和优化配置。

在畅销书《第三次工业革命》中，曾经担任欧盟委员会主席顾问的杰里米·里夫金写道，第三次工业革命，标志着以勤劳、大量使用劳动力为特征的200年商业传奇故事结束，代之以合作、社会网络和行业专家、技术劳动力为特征的新时代。

在共享经济的背景下，在各路资本的投入加持下，各类人才共享平台的发展越来越快，人才资源的覆盖面也越来越多，而一些优质资源、稀缺资源的加速流动，带来了越来越高的社会价值。例如名校的名师资源、大城市的医生资源等。

2014年成立的“名医主刀”抓住看病难、看病贵这些新医改着力要解决的问题，在医疗业独创了“空闲床位+异地行医”的新共享经济模式。平台在北京、上海、杭州、南京等城市布点，为患者选择二甲以上的医疗机构，每天基本都有1000张床位可供使用，患者可自行选择挂靠平台的专家进行治疗，实现医疗资源优化配置。

时代环境已经发生彻底变化，置身其中的个人也要顺乎其变。可欣慰的是，自己的变局终于可以由自己来启动按钮，重构职业和生活。

与此契机同步，每个人需要做好自己的身份和心态准备，抓住时代进步的窗口期、红利期，做自己的人生设计师，重构自我，在这个进程中注入自己的新身份，加入这场盛宴。对个人特质的开发识别能力，对互联网平台的经营协作能力，对个人品牌的塑造和营销能力，是这个时代每个人生存和发展的新的核心能力。

越来越多的人不再依赖公司形态而存在，不再用雇主品牌为自己做背书，而是以个性化的商业模式为核心，用新身份、新思维、新能力，以及新体验，打造个人自品牌，扩大自品牌的能见度，给品牌刷脸，让自己明亮登场。

时代形势与格局的变化，必将伴随着人的重新布局与流动走向，并酝酿出巨大的商业和发展机会。

在我国历史上的春秋至战国时期，人才的自主流动曾占据了主导地位。人才异国仕宦，各国都不同程度地跨越宗族甚至地域界限任用人才，以期在争霸图强的竞争中取胜。

一位优秀的人才、一个富国强兵的策略，如果此诸侯不接受采纳，彼诸侯也许会接受采纳。人才有机会通过流动寻求最好的发挥效用的空间。

从春秋战国至秦统一之间的200多年，为中国历史上思想火山大喷发时期，士人、智者在政治、文化舞台上最为活跃。纵横捭阖的时代，西汉人刘向所辑《战国策》33卷中，出场人物包括诸侯、学者、隐士、纵横家、游士、侠客、兵家、名将等多达600余人。

2000多年前，秦国以弱国起始，从一个僻居西土、文化落后的边陲小国，到最终力压群雄，一统天下，成为帝国崛起的奇迹。秦国“之所以并天下者，诸人之力也”。《三联生活周刊》曾刊载的《秦的诞生》一文中这样描述秦国崛起过程中重要的人才国策：

秦帝国霸业的奠基者秦孝公在公元前361年登基伊始，即发布“求贤令”，提出“宾客群臣有能出奇计强秦者，吾且尊官，与之分土”，明确提出招徕人才的首要标准是身怀富国强兵之策，而非门第显贵等。

自此，各国客卿就源源不断涌入秦境。除了大秦帝国制度的“总设计师”、秦孝公初年入秦的商鞅，在秦国后来的六位国君统治期间，先后担任秦国相国要职的共有22人，其中18人是受人推荐的客卿，张仪、公孙衍、范雎、李斯……秦国遂成为战国时代外籍布衣将相最为密集的国家。文臣运筹帷幄，武将征战沙场，是秦国得以统一天下的中流砥柱。

秦国实行“人才推举制”，广泛延揽人才，使得很多布衣之士，能够在秦这个阻力最小的空间里最大限度地发挥才智与勇气。

小结

1. **人才共享的目标：**对人的时间、知识和技能实现共享，以发挥每个人的最大效能和价值。
2. **人才共享的价值：**通过全社会系统内的广泛流动与共享，让自己的投入产出效率最大化。
3. **人才共享的模式：**以个性化的商业模式为核心，用新身份、新思维、新能力，以及新体验，打造个人自品牌，扩大自品牌的能见度。
4. **职业发展的新核心能力：**对个人特质的开发识别能力，对互联网平台的经营协作能力，对个人品牌的塑造和营销能力。

寻找共享平台，经营自己的赛道

如何选择共享平台，建立个人赛道，获取客户与任务资源及高成长性。

2016年有一场关于互联网变革的沙龙——“场景革命”，主讲者为吴声。吴声一个半小时滔滔不绝地分享过后是嘉宾互动的环节。有一个企业家首先做代表性提问，他说：“这场演讲很丰富，有很多精彩案例……不过，我只听懂了20%……”现场顿时响起轻松的笑声——原来彼此彼此。

然后，有一位中年男士站起来说：“刚才这位老总提问前，我一直是处于一种极度自卑的状态。听到这‘20%’的数字，我心里稍微释然了。我有一个问题，吴声先生所讲的这么多互联网带来的商业变革的案例，我是不是可以理解为这是在讲另一个世界，和我们现在生活的世界是平行存在的？或者说，我们可以在各自的轨道上各安其事？”

我理解这位先生内心的困惑，我们已经步入一个像《三体》书中描述的一样有两种文明同时存在的时空里。作为生长于传统文明的人来说，是否可以一直按照自己习惯的规则生活下去，又能否打破自己的围城进入新文明？

这是现在很多职场人内心的焦虑源所在。在我看来，传统的职场文明正在向互联网世界打开，不管是没有经验积累的新新人类，还是担忧积累的经验已经快到保质期的职场老职员，首先要打开职业视野，从能融入一个封闭的企业，到能融入更大的共享平台，把自己设定为一个能独立运行的开放源，与周围世界联网产生协同效应。

有这样一个服装企业，他们将服装的设计、生产、营销等价值链中的“设计环节”独立出来，变成行业的共享平台，从自己雇佣固定的设计师团队，转型向全世界的设计师开放资源，设计师们可以通过竞标等形式参与企业的设计环节。随着客户的需求越来越碎片化、个性化，企业依靠自己雇佣的有限的设计师已经无法满足成千上万的客户需求。放大到与互联网上更多不同风格的设计师合作，每个产品都会更具个性。

由此可见，工业化时期是大规模、批量化的生产；而互联网时代面向的是定制化、个性化的小众市场，品牌需要做细、做小、做出差异性。

韩都衣舍就是上面所说的服装企业，它作为服装时尚品牌孵化的互联网平台，成为商业界研究的典型案例。它的定位是创建能够孵化更多细分品牌的“平台”，而不是一家自己生产、销售的“服装企业”。在这个平台上，每个小品牌都有一个定位，能满足某一类人群的偏好，并拥有一个能深刻理解这个品牌定位和人群偏好的设计师。韩都衣舍定位品牌的关键策略就是挑选设计师。设计师的个性、理念要与品牌融合，设计师是这个品牌的灵魂，决定了品牌能否塑造成功。反过来，品牌也凸显出设计师的个性化价值。

在人才共享模式的催生下，设计师像卫星一样从一个个封闭的组织里释放到广阔的互联网平台上，进入了独立创业的品牌小时代。

继滴滴出行等共享模式后，越来越多的人才共享平台应运而生，各种各样的人才成为可共享的资源。对于个人来讲，要抓住人才共享的机遇，建立在共享平台上的运行赛道，创立个人品牌的发展模式。

不同的互联网平台，有不同的定位和功能，个人发展首先需要和平台相互契合，才能彼此烘托、相得益彰。

下面从泛功能平台、专业垂直平台、行业价值链平台、组织智能化平台等几种类型的平台，来分别探讨个人发展如何与平台相互契合。

泛功能平台

“泛功能平台”是一种涵盖综合性功能的平台。例如，创建于2005年的服务众包平台“猪八戒网”，为需求方和提供方提供连接和协作服务，业务交易品类涵盖创意设计、网站建设、网络营销、文案策划、生活服务等多种行业。

猪八戒网是中国早期的专业技能共享经济平台，人才资源整合实践的先驱。创立以后，平台率先整合了设计师等资源。企业雇主无须雇用设计师、软件工程师等，通过猪八戒网即可完成一个个开发项目。共享模式让猪八戒网越做越大，现在猪八戒网的入驻用户包括600万家中外雇主、1000多万家服务商（专业技能人才和机构），除了设计以外还有多种服务功能，如翻译与法律服务等。

猪八戒网的核心价值就是通过“连接”实现众多人的需求和梦想。服务商在平台上能获取客户资源、任务资源，实现交易，下面这一组数据反映了猪八戒网的服务能力和平台承诺：

- 雇主发布需求后，1小时内收到服务商响应。
- 每个需求，平均有10个服务商参与。
- 95%以上的需求，得到了圆满解决。

每个服务商的品牌下，都会显示近期收入、成交数量、好评率等动态信息，不断为自己积累“业绩积分”“信用积分”“用户点评”等成长数据。这些经营数据会汇集成为有效的个人发展轨迹，形成品牌资产，赢得更多客户和任务资源。

服务商在平台上还能获取数据资源。例如，猪八戒网通过多年运营，沉淀了大量人才数据、设计作品数据、中小微企业的数据。进入网站，就进入了这个平台的运营数据海洋，你能看到其他人累积的运营数据、完成了哪些任务、有什么特点和成效、公开报价等，还能通过客户的需求和案例，了解服务的标准和发展态势，为自我经营管理提供更准确的信息和多种比对分析。

平台的建设一般是奉行双边政策，一边要不断吸引供应商（服务商）入驻，用这些数据来证明平台的服务能力；一边要吸引需求方（企业雇主等）入驻，用订单需求来吸引人才落户。有的平台像猪八戒网一样，通过多年经营生存了下来，有稳定的资源保障平台的交易。

同时，也有很多人才共享平台还在创业路上。创业模式类似于左右两边的棋手对弈，不断诱惑某一边加盟进来，以增加对另一边的吸引力，然后水涨船高，实现平台的增长。在平台成长期里，如果平台的能力和投入不足，就难以获得真正的资源。

在美国，新设计师、程序员们常常通过共享平台来了解处在职业生涯不同阶段的同行们的估值水平，然后参考这些标准来为自己“定价”，找准自己在市场上的定位，更有效率地提供服务。

这些衡量平台资源的维度是决定你在平台上的投入是事半功倍，还是事倍功半的关键。

落户一个平台前，应该先考察这个平台的资源，观察其他入驻者的经营效果，判断自己的服务定位与平台的契合度，判断自己的产品/服务是平台的核心功能，还是边缘状态。

例如，职场知识和技能共享平台“自客”创立于2016年，并成功入选“胡润百富中国最具投资价值新星企业百强榜”。它的发展愿景和目标是为实现职场人自足、自主、自由而生，全方位打造个人职场IP，实现更自由的财务状态。

自客平台的发展方向是为各类职场人建设一个自由平台。自运营以来，平台聚集“设计、技术、运营、市场、职能、产品、金融七大领域的互联网人才，其中80%以上为三年工作经验从业者，一半以上为五年工作经验从业者”。这是自客的公告，可以看出平台在发展过程中资源积累的情况。对于与这些领域关联度高的人才，可以多投入精力在平台上发展。随着平台服务功能的拓展，更多领域的人才可以选择自己切入的时机和在平台上投放的精力。

落户一个平台后，应该定期分析自己的经营效果，以及如何更好地吸引平台上的客户资源、争取订单。

在共享经济时代，若要上位和成功，有两样东西不可或缺：一是拥有用户需要的产品/服务，二是拥有有效的平台。每个人不一定只通过一个平台去经营自己，也不一定寄希望于一个平台就能完全实现自己。有的人会灵活组合各类平台的功能，设计自己的平台策略。

在我的同行中，有的咨询顾问有很强的独立意识。他们在建立“独立顾问”的自品牌过程中，主动寻找各种平台落地，并结合平台的资源特点来打造自己的优势。例如，利用自己写作的书籍在豆瓣上的评分，让抽象的专业能力有一个显性化的标签（如同豆瓣的评价功能，美国已经有知识人才类的平台，用户可以为平台上不同领域的咨询专家打分，让知识型人才能够脱颖而出，在平台上依靠公信力来打造个人品牌）；在分答等网站开发社区，提供培训和辅导，培养忠实客户；在领英上拓展人际关系，发掘咨询服务的潜在客户……充分利用平台的链接功能、放大效应和提升知名度的作用，都可以让个人品牌借助平台功能立体化地呈现出来。

一个“有效的平台”还应该能促成双边的交易，保障交易的质量、信用，让服务商专心、安心地做业务。所以，落户一个平台，还需要了解这个平台的游戏规则，有哪些支持性的功能。例如，作者的原创保护、合作者的信用评估、平台的佣金方式等。

众筹网旗下的特微特是一家主打众包模式的服务交易平台，提供视频制作、平面设计、技术研发、互联网产品孵化等服务。平台的建设策略是先以设计师、创意总监、广告导演等板块帮企业解决问题，提供专业的服务和保障，未来再进一步开放工程师、产品经理等角色，以满足更多人才和企业的需求。

特微特的平台服务比较专业、深入，也有自己的特色。从客户下订单、人才抢单、支付项款、合同签订，到给客户匹配人才，最终由特微特平台举办启动会，人才和客户见面，正式开展工作。

对平台生态的熟悉、平台规则的理解，与平台资源的协作，是对不同于传统工业文明的另一种文明的新体验。

独立、开放、协同、互利，是对互联网共享平台的新职业体验。

这些体验一方面让你看到这个世界有多大，自己只是沧海一粟，要保持一颗谦勉的心；另一方面也会让你感到自己完整而真实地存在，且握有自己的话语权。

移动互联网时代的竞争是平台间的竞争，平台需要具备强大的入口功能，吸引更多的优质资源进驻，才能做大平台规模和实力。所以，建立强大、明晰的个人品牌，才能成为平台追逐的对象。

小结

泛功能平台的赛道经营：经营平台契合度

1. **平台的资源经营：**在平台上应能获取客户资源和任务资源、经营数据资源，实现成交量，积累个人品牌资产（业绩、信用、用户评价等）。
2. **平台的组合策略：**每个人不一定只有一个平台去经营自己，也不一定寄希望于一个平台能完全实现自己。灵活组合各类平台的功能，设计自己的平台落地策略。
3. **平台的功能评估：**
   - 落户一个平台前，应该先判断自己的服务定位与平台的契合度，判断自己的产品 / 服务是平台的核心功能，还是边缘状态。
   - 落户一个平台后，应该定期分析自己的经营效果，以及如何更好地吸引平台上的客户资源、争取订单。
4. **平台的规则评估：**落户一个平台，还需要了解平台的游戏规则，以及有哪些支持性的功能。

专业垂直平台

除了关注泛功能平台的定位和功能类别、运营能力来打造自品牌外，垂直平台也是一种很重要的选择。

专业化或行业化的垂直平台具有的优势是能系统性、连续性地关注某个领域的专业发展和职业变化，帮助个人建立职业专注力：专注于自己的方向、同行的群体和共处的环境，这三种专注力是经营个人专业赛道的关键。

要建立个人专业品牌，需要有目标、有计划地在一些专业平台上发布自己的作品，刷存在感。这些会成为个人品牌画像的信息来源，如技术人员在丁香园等专业网站的发帖、发文章，增加活跃度等。

专业平台也能促进人才的定向交易。“程序员客栈”拥有近13万程序员，2000多家企业，专做程序员与企业的对接。设计众包平台“Designup”，是“设计狮市集”，帮助企业快速创造设计价值。这个平台都为人才定向输送，激发创新生产力提供了保证。

随着O2O线上线下模式的应用，各个行业的发展越来越垂直，也越来越专业。在行业垂直平台上，加盟同类群体、寻找专业语境、融入发展情境、达成价值共鸣，一点一滴地融入行业生态圈，能提升专业水平，解决自我发展中的孤独感和焦虑感问题。

优米网创始人王利芬说，这么多年来我发现大家都很焦虑，原因是怕跟不上时代，跟不上社会进步的脚步……每一个个体都很渺小。但我们若能用分享的思维来做事，我们的焦虑感可能会减轻很多，因为群体的智慧通常高于个体。

一叶落而天下知秋，在垂直平台里能够保持个人的视野宽度，避免因为缺少来自同行的动态而变得滞后的尴尬，避免因缺少对行业的关注而产生盲区的问题，就能形成深度的吸引力，甚至归属感。

思齐俱乐部是医药/器械行业的知识共享平台，2012年初由10余位医药产品经理发起，是一个行业垂直平台。会员包括医疗企业的市场、医学、销售等人员。思齐圈是思齐俱乐部的在线平台，从线上视频、直播、文章板块到线下交流活动等，涵盖医疗行业内前沿、专业的内容和资讯。会员可以在平台上发布内容，共同助推会员的成长和行业的发展。

2017年初，随着医药回扣的曝光和国家相关政策法规的不断出台，引发了围绕“医疗代表”是升级还是退场、消失这两个方向的职业去向的讨论。

思齐圈聚焦行业痛点，从医疗代表对政策变化后的焦虑感开始，发布了一系列医药代表的发展解读、培训、业内研讨、专家论坛等活动，以及医药代表们在平台上对自身角色的反思分享和激励共勉等，形成了浓厚的专业分享的氛围，积极为医药代表勾勒新画像。

该平台的一大亮点就是，基于行业痛点（以药养医的现状而）进行的角色转型、价值主张转型：我们卖的不只是药，还有先进的治疗理念。同时，专业技能型也是思齐圈的创新所在，医药代表不应只谋求销售技巧——如何在销售开始时迅速吸引医生的注意力，想方设法了解医生的住址、电话、门诊时间、生活习惯、个人嗜好等投其所好、联络情感；而是更好地理解病理知识和功能、药品研发信息等，以及探讨未来的拜访模式应该如何呈现，不同的拜访场景展现、要点解析、案例分享等，如图 1-3 所示。

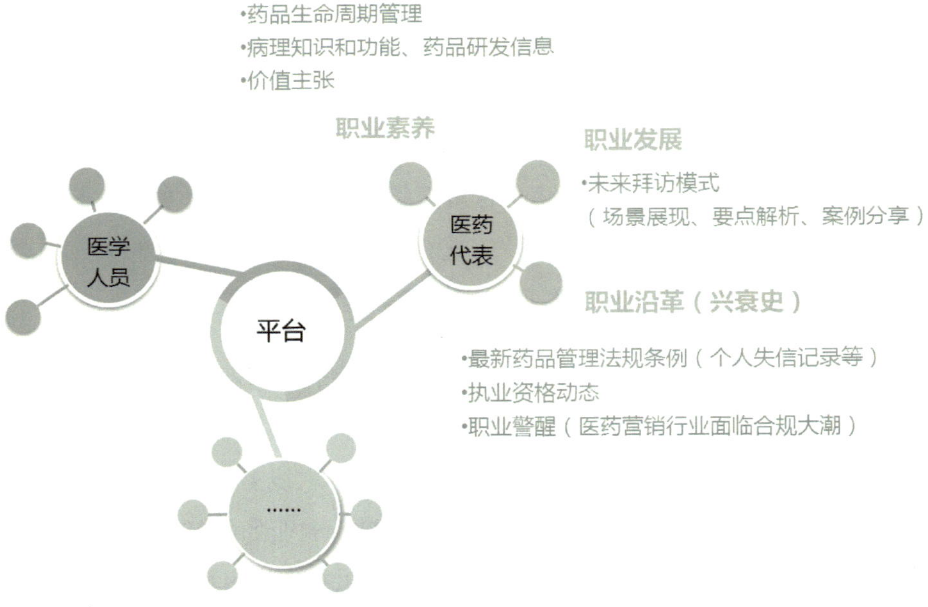

图 1-3 垂直平台 + 个人角色示例（医药 / 器械行业 + 医药代表）

思齐圈内对关键动态的引导，帮助诸多从业人员探讨转型路径，培训职场转型、进阶所需的知识技能，拓展人际关系资源。

这就是专业 / 行业垂直平台的价值，它对自己经营的用户和生态环境足够了解，也给予了一定的关注，并且能聚集各种关联度高的资源为之提供专业性服务。

小结

垂直平台的赛道经营：经营职业专注力

专业的垂直平台能系统性、连续性地关注某个领域的专业发展和职业变化，建立自己的专注力：专注于自己的方向、同行的伙伴和同处的环境。

行业价值链平台

在行业价值链上，工作被分解成一个个小单元或任务。工作任务的“拆分”是根据复杂程度、专业程度、标准化程度等，分配给拥有不同专业知识、技能和经验的个人，或自动化完成任务的智能体系。

在法律服务行业，将工作进行分解、外包的模式越来越普及。美国律师事务所 LeClairRyan，将法律诉讼工作按照不同的工作性质分解为调查取证和诉讼协调等环节，然后将调查取证工作外包给 300 位全职和兼职的律师。这个环节的特点是需要对众多的文件资料进行内容审查、数据核验与分析等。这些工作需要训练有素、相关知识深厚、数据分析能力强的律师来高效完成。而其他更高级别的工作由首席律师们来完成，这些首席律师就不必为诉讼中的常规工作分散精力。

不同环节也可以制定差异性的收费标准，例如，取证环节的收费往往比较低廉，这样使得整个工作任务的成本分布更加合理，具有成本竞争的优势。

接受外包工作任务的律师，不必在一家企业坐班，他们成为能弹性工作的律师，同时还能快速积累更多的经验。

在未来基于行业价值链形成的平台网络上，标准化的环节会更加集中。

在管理咨询行业，一些国际管理咨询公司，已经在探索“标准化 + 个性化”的组合方式。外资管理咨询公司的项目定价模式，即确定不同能力等级的人有不同的收费标准。一个完整的咨询项目报价要细分为需要多少不同等级的人参加，结合各自的收费标准，最后核算出总体价格。这样的商务理念就是基于工作任务的分解与人员分工、协作。

Hay（合益）管理咨询公司曾经尝试“产品 + 数据 + 人”的新模式，将需要利用标准化管理工具和数据支持的任务模块化，对外部顾问进行认证、外包，这个认证在国际上也可以通用。

比如，组织薪酬体系的设计，需要利用“岗位价值评估”工具和行业薪酬调研数据的支持。管理咨询公司提供评估工具和数据库，有薪酬管理经验的外部顾问，通过咨询公司的学习中心进行培训后，获得认证资格。当有这类咨询需求的客户下订单时，咨询公司和外部顾问就能快速展开“任务式”的合作。外部顾问还会动态地获得咨询公司平台上的知识分享，保持融合和同步成长，而不仅仅是简单受聘的关系。

那些战略性、高决策性、高度定制化的任务，则由咨询公司专职的核心团队来完成。

互联网实现社会化的大联网，带来大规模的协作。人们以“任务化”为基础，在互联网上进行分包协作，降低了交易成本，增加了选择范围和交易速度。

采取互联网协作模式的翻译公司，把公司变成了无边界的翻译平台，让很多热爱和擅长不同类型专业翻译的人，有机会一起参与完成翻译任务。每个任务也可以根据需求采取不同的形式来完成，如专职翻译、众包兼职、“专职翻译 + 众包兼职”等。这种广泛“社交型”的工作模式，让每个人都有机会与更多人员合作互动，加强了经验的传递交流。彼此协作满意的人员，还可以互相推荐任务、自行组团，增加了很多点到点的工作机会。

有一个专做医疗翻译的女博士，是一个自由职业者，她一边在家带孩子，一边接任务单，专做这个比较小众、专业的翻译工作。这样既能获得较高的收入，也能保持自己的专业发展没有中断。

翻译共享，已经如同出行共享、住宿共享一样成为共享经济的一个领域，翻译平台如译言网等也应运而生。像猪八戒网这样的泛功能平台，也拓展了“翻译专区”的众包服务功能，涵盖 53 个语种、各类行业、文档文献、证件简历等多种服务形式。

共享模式必然会变革行业价值链的生产过程。处在变革行业里的个人，需要重新定义自己的角色，把视野放宽到所处的整个行业价值链上，去寻找个人价值，而不只局限于企业内部的一个岗位上。

“任务模式”已经影响到很多企业的内部组织设计。如企业法律事务部的设计，不一定要自建一个职能大而全的部门，而是可以充分利用互联网平台上的律师资源，构建部门组织体系，以达到人员配置最优化的目的。

在行业价值链的升级过程中，不能忽视的是人工智能正在重新定义工作的边界。

在律师行业，人工智能已经可以大规模地进行综合分析、微妙推理等工作。美国金融巨擘摩根大通（JPMorgan Chase & Co.）推出了合约分析智能软件COIN，可代替律师审查合约文件。它使效率大大提升，能将原本每年所耗费的大约36万小时的处理工时，缩至短短几秒就能完成；而且，错误率大大降低，也不需要节假日休息。

据麦肯锡的研究报告显示，未来10年，最热门的工作需求是拥有复杂社交技能、团队合作、协作创新、文化敏感性及管理多样化团队的能力。

任务经济也反映在互联网平台上。平台往往具有开源性的特征，有些平台的组成内容——发布的“任务模块”，不仅包括平台方的设计引导，还有平台上用户的参与和贡献。

知乎平台的“话题广场”，范围涉及很多领域，如互联网、游戏、美食、生活方式、教育、商业、艺术……这些话题并不是一开始就诞生了，而是经历了一个“添砖加瓦”的过程。知乎初建的时候，定向邀约了一些专业用户参与，后来不断有各种专长的人涌入，带来了自己的分享领域，知乎平台上的内容也越来越丰富。甚至有细心的网友创建了一个帖子，按照时间进度，梳理了知乎话题广场近年来不断增添的细分领域和其中的活跃用户。热心的知友们一起跟进动态更新，不断把新增添的领域加入这个榜单。

我在准备落户知乎时曾经对这些话题的分类琢磨了一阵子，发现找不到“管理咨询”公司习惯的业务分类（战略管理、人力资源管理、组织管理、流程管理……）。这是咨询行业人共同的业务语言，但在知乎广场上并没有对应的格子可以归类。

互联网平台和我们所熟悉的职场是两个回路，我需要把自己熟悉的这些工作模块，变成一个个的任务模块，如微咨询等模式。每个任务应该是一个能独立的闭环，有用户需求、有服务价值，然后再给它贴上发布的标签：任务等级、适用人群、典型场景等。

这是一个开放性的思考过程，需要自己做内容定位，任务发布，寻找用户价值，成为平台上的创客。

果壳网曾描述过一种找不到壳的“寄居蟹”，它非常形象地映射出环境在变化时，会慢慢偷走你熟悉的那个栖身的“壳”。

共享经济催生行业价值链的变革，打破了我们习惯的那些分工。我们需要打破自己已经织好的“茧”，融入广阔的互联网平台，找到新的、适合的“壳”。

共享经济的特点，可以总结为使每个互联网用户都可以随时随地分享信息、共享资源和能力，从而更加有效地优化资源配置。它可以把“最坏的时代”变成最好的时代

“平台 + 个人”的人才共享模式可以总结为如图 1–4 所示的几个特点。它是共享经济发展推进的结果。

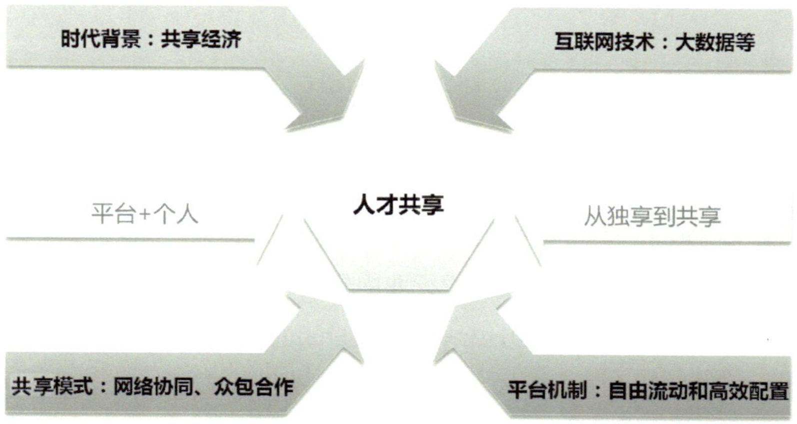

图 1–4　人才共享模式的特点总结

小结

行业价值链平台的赛道经营：经营行业的柔性化协作

1. 行业价值链的联网协作、行业平台的建立，打破了传统的组织内部分工。人们以“任务化”为基础，展开柔性化的协作。
2. 工作被分解成一个个小单元或任务，在互联网平台上进行分包协作。
   工作任务的“拆分”，是根据复杂程度、专业程度、标准化程度等分配给拥有不同专业知识、技能和经验的个人，或能够自动化完成的智能体系。
3. 互联网平台和传统职场是两个回路，我们需要把自己熟悉的工作模块和擅长的工作内容，变成一个个的任务模块发布出去。
   每个任务是一个能独立的闭环，有用户需求，有服务价值，有商业标签：任务等级、适用人群、典型场景等。

组织智能化平台

随着企业与上下游供应链形成行业内联网，整个行业与外部环境形成社会化大联网，企业内部的组织结构也从封闭的紧密耦合关系变成开放的宽松耦合关系，形成了内联网——部门间联网、员工间联网。企业边界、部门边界、员工之间的边界被打开，企业内部平台应运而生。

组织内部结构的每一个节点都能与互联网上的节点互联互通，形成整个网络的协同。

企业内部平台的形成，让很多组织开始逐渐取消固定的岗位，增加弹性任务的投放比例。更多的工作变成了一项项的任务或一个个项目，完成任务的人可以是公司内部与外部最适合的人，他们根据自身的能力特长参与不同的项目。

企业基于任务或项目进行人才关联。每个人都是网络上的一个节点，能和外面互联，在工作职责和各种项目之间灵活切换。

在 2016 年中国 500 强企业高峰论坛上，滴滴出行副总裁陈玮说，人才共享包括公司外部共享和内部共享两个方面。公司内部有些人不一定把百分之百的努力和聪明才智都发挥出来，还有很大的提升空间。“共享”让尚未被充分利用的资源能够发挥作用。所以，组织机制需要突破，比如围绕某个主题建立临时团队，跨部门、跨领域互动，鼓励员工把没有用尽的才智和知识经验发挥出来。

传统组织里围绕岗位来分配工作的方式，对人才的灵活使用造成桎梏。现在，越来越多的员工考虑基于合作契约开展工作，组织和员工的关系从雇佣关系变成合作伙伴、合伙人。

工作的稳定性已经不是最主要的衡量标准。一味地追求稳定性反而会丧失建立新的联盟关系的机会。从一而终地在一个企业做到终老的工作模式，很快就会被灵活快捷的柔适性工作任务所替代。

2004 年，宝洁公司提议，在品客薯片上印制图案来刺激消费兴趣。但是，怎么保证把图形印到薯片上，却不破坏薯片的完整呢？宝洁公司被这个小问题困扰住了。于是，宝洁在网络平台发出一个求助邀请。几乎在一瞬间，宝洁便得到了150万外围研发人员的援手，网罗到了如此庞大的编外研发队伍。这样的结果出乎意料。宝洁公司内部有28个技术中心、9000余专职科研人员，但他们不可能无所不知、解决所有问题。意大利的一位大学教授掌握如何在焙烤产品上打印图片的技术，他最终通过对宝洁技术转让收获了一笔不菲的转让费。印着风趣图形的品客薯片一经推出便风靡全球。

从此，宝洁开始引入众包模式，在网络平台上寻找“能人”。

在这个过程中，宝洁发明了“技术概要”这种合作模式：阐述需要达到的任务效果，不透露任何产品细节，而将这个任务概要对外发布。

《商业评论》杂志指出了组织的两种变革趋势：

1. 工作的组织方式：以任务为导向

按项目或任务来组织工作。有的员工可能同时参与多个项目。有的项目周期短，有的周期长，薪酬与项目挂钩。以项目为基础来组织工作以后，项目组可自行决定是否需要在某个时候集中办公。

2. 工作的整合：实时协作

未来几年，实时，按需、按地点来协同的方式将改变许多业务流程。协作成本越来越低，意味着公司越来越不需要“占有”资源，甚至包括聘请全职员工。雇主将按照具体工作任务的需求来寻找有合适资质的人。

在国外，有一些“人才、想法及知识产权市场”的中间平台，例如，NineSigma、Yet2.com、InnoCentive、YourEncore 等，它们早就开展了为有需求的企业和有能力的个人提供任务交易的服务。

在企业内部平台化的变革中，工作被分成更小的单元，固定的岗位职责变成了敏捷任务。

任务可以“技术概要、问题概要、挑战概要”等不同形式发布。个人根据这些概要来判断自己是否有相应的能力来承接，提供解决方案。

作为拥有 4 万名员工的传统燃气企业，新奥集团是典型的“重资产”企业。新奥的战略规划是变身“智能型企业”，打造智慧运营平台（智慧超脑），实施去“重”变“轻”，去岗位、去职业通道、去薪酬评级等这些固定的管理体系，变成“即时”管理，以贴近业务变化。

取消“岗位”后，公司平台上建立 4 万名员工的数字（能力）标签。每个人都可以基于平台上的各项任务，根据自己的能力、资源抢单，这有些类似滴滴平台的模式。

平台根据任务需求，识别任务所需的能力，进行能力匹配度分析，自动组合推动候选人。平台对 4 万名“数据人”精准筛选、推送→产生候选人、候选人间 PK 竞标→任务召集人挑选队员、队员进行双向选择等→任务订单完成→进入任务的目标与激励模型。

在平台系统中，只有角色（能力特点）+ 任务（单）的大数据管理。系统会持续扫描每个人的能力变化，更新能力标签，在新的任务来临时，重新匹配。

所以，新奥平台的新人才理念是“以能为本”。

不按照组织约定俗成的岗位分工开展工作，而是依据自己的能力来抓取任务、赢得订单，能力颗粒度的管理就至关重要。颗粒度小的能力标签能更准确地描述自己的能力状态。

在一个国企的国际化人才战略的座谈交流活动中，企业通过人才测评数据发现，在公司研发技术团队的整体能力素质中，“稳定性”这项素质占比偏高，而公司的阶段目标是开拓国际市场，需要创新创业精神。所以，公司调整了人才招聘政策，不拘泥于“211、985”等高学历背景，而是侧重选择“创新素质”更突出的人才，以改变团队人员整体的能力素质结构。

创新素质，成为一个关键的显性素质，能力标签。在面试和人才竞聘时，针对企业的需求，针对性地表达自己在这项能力素质上的表现，则更有机会被企业选中。

实现了智能化平台的企业，每个人都有能力标签，在企业的云端进行在线共享，这些标签让需求者更容易搜索到需要的人才。

能力标签也能更有层次地提升能力水平。例如，快速找到欠缺的能力、感兴趣的能力、擅长的能力等维度，方便个人对优势和不足进行挖掘和补充。

人们的观念正在转变，不再依赖于组织，而是更多地依赖于自己的知识和能力。

在企业内部平台经营个人赛道的关键就是找到自己的优势能力，建立自己的能力目录，贴上多维度的能力标签，增加自己的能力辨识度。

每个人都是节点，彼此之间可以自由交互、高效互联。小型多元、自组织的团队，成为重要的联盟形式。

在这种变革趋势下，相比传统企业追求扩大组织规模、以大军团作战的特点，现在组织变革的方向是敏捷组织，人才高效流动和匹配，快速行动与小团队作战。

小团队作战，强调个性化贡献。团队结构互补，知识、能力、性格、关系资源及年龄等都能互补。每个人都有个性化特质，角色不重叠，形成最契合的团队。

这种复合型团队，如同 CP（王道组合），身份互补、彼此兼容的人一起配对组成联盟。联盟的合力胜过单打独斗，与对的人在一起，更好地发挥价值。CP 突出的是“我们”，而不是“我”。

当然，对每个人的评价也不再是按照岗位标准，或由上级来评价，而是由网状节点上的合作者、团队成员。

能够找到或组建一个志同道合的团队，也是关键的制胜之法。

这样组成的小团队对完成任务具有很强的柔适性。即便是企业高层决策者，如首席执行官，未来都可能成为要消失的职业。把一个高管率领公司、一个人决策公司的发展命运，变为由了解市场的专家团队共同领导公司参与竞争胜出的概率会大很多。

Facebook 的组织机构非常灵活，公司员工可以根据个人爱好提出组建团队的构想。一旦得到批准，无论你年龄大小、职位高低、资历深浅，这个员工就是团队的负责人，从而拥有选择团队成员的权限，员工的业绩也与这个团队捆绑在一起。每个人都可以成为一个中心，可以调动公司资源去完成一个目标。

在自组织中，一个员工可以在多个项目中承担角色：有时需要发挥你的领导才能，有时需要你的专业技能，甚至公司的副总也可以在一个项目中听从项目总监的调遣，角色定位主要取决于你的能力定位。

在组织平台形成网络协作后，一个人不再像一颗螺丝钉一样，固定在一个岗位上，重复扮演着一个角色；可以发挥自己的优势能力，组建团队CP，完成感兴趣的任务，逐渐具有跨界能力，不再只是在组织内部平台，而是在更广阔的互联网平台上去自我实现，如图 1–5 所示。

图 1–5　平台赛道

小结

组织内部平台的赛道经营：构建优势能力和团队 CP

1. 敏捷任务：在企业内部平台上，固定的岗位正在逐渐消失，工作变成了一项项的任务或项目，员工可以在工作职责和各种项目之间灵活切换。

   公司内部与外部的人，根据自身的能力特长参与不同的项目，实现最佳匹配。

2. 优势能力：建立自己的能力目录，细化能力颗粒度，贴上多维度的能力标签，使能力容易被搜索、被辨识。

   找到自己的优势能力，从依赖于组织转向更多地依赖于自己的知识和能力。

3. 团队 CP：每个人都是独立的节点，可以与其他节点自由交互、高效互联。根据自己个性化的特质，组建或加入自组织团队，形成最契合的联盟。

团队 CP，强调团队结构互补和个性化贡献，知识、能力、性格、关系资源及年龄等都能互补。

融入平台生态圈，定位自己的角色

如何融入共享平台的生态圈，创造自己的角色价值。

“平台 + 个人”这种人才共享的新商业模式，替代了“组织 + 雇员”的传统雇佣模式，产生了很多新的角色。他们和平台一起互生互助、彼此交融，形成具有高成长性、高交互性的平台生态圈。

平台极客

2017 年 5 月在中国召开“一带一路”国际合作高峰论坛，央视新闻频道推出了一个论坛特别节目：“一带一路”帮你问。扫描央视的二维码，与“一带一路”有关的小问题、小需求和小建议，不管是“投资做生意、就业寻良机、留学搞科研、旅游探民俗”，都可以发送过去，然后会有不同的专家参与互动解答。例如，有网友关注“一带一路”沿线国家的税务问题，央视就邀请了国家税务部门的专家来解答。

专家角色，是“平台+个人”模式的一个重要角色。他们可以身份独立，参加平台的关键活动，提供专家建议。

互联网采购与供应交易平台“悦采”，实现了网上采购交易的全流程管理，在线交易已超过500亿元人民币。全流程管理的功能之一即“专家管理”，有3万名专家在这个平台上为采购商的“招标管理”保驾护航，在采购招标项目开标、评标到定标的过程中，在关键的评标环节对供应商进行专业评估。

在“悦采”采供平台上，还有60万家供应商企业。采购商、供应商和专家三种重要角色一起推动了平台的良性交易，平台把这些有价值的资源组合到一起。专家日常可以进入平台的“专家资源库”。平台的“专家管理功能”会根据专家的标签分类，抽取、选取不同的专家参加适合自己的采购项目。

用户可以依靠专家的筛选、评估来获得对服务商更深入、准确的了解。只有让专业知识和经验更快捷地流通，才能提升个人和平台的人工效能水平。

现在很多企业变革都在采用“共享中心”的组织模式，如人力资源共享中心、财务共享中心等。共享中心的设定，是把专家资源和企业内部的流程管理分开设计。

以人力资源共享中心为例，组织分工被分为以下三大模块，如图1–6所示。

SSC（Shared Service Centre）：共享服务中心。通过集中、统一的标

准化管理流程，如人事管理等，提供低成本高效率的服务。

COE（Center of Expertise）：人力资源领域专家。主要提供专业的解决方案和策略设计。

HRBP（HR Business Partner）：人力资源业务合作伙伴。紧密关注组织各业务单元（部门）的个性化需求，提供专业的解决方案，将人力资源的价值内嵌到各业务模块中。

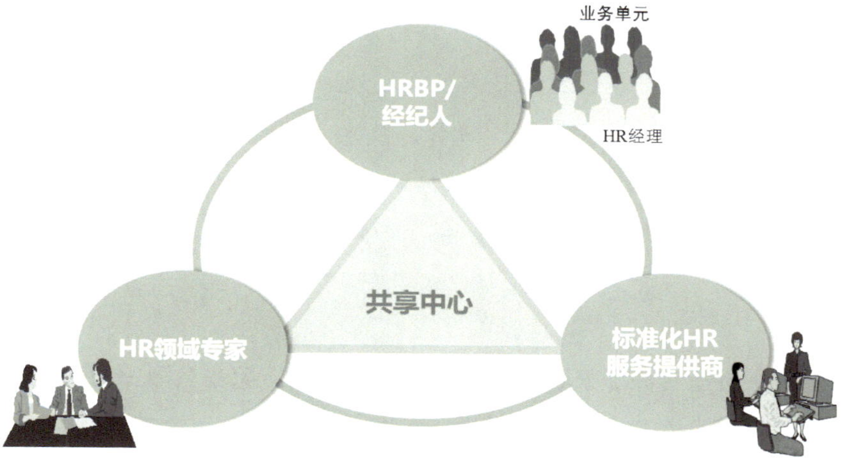

图 1-6　人力资源共享中心

在上一节里谈到过，未来的行业平台上，标准化的环节会更加集中。那么，个性化的环节会更加分散。专家资源可以从组织内部与外部挑选具有精深的专业技能和领先实践的个人，打破组织壁垒，变成开放纳才的环境。在“标准化＋个性化”的组合中，专家能从企业事务性的工作中解脱出来，成为企业之间、行业平台上的价值传递链条的重要一环。

我曾经和一个正在实施国际化战略的国有企业交流人才策略的人力资源总监说，这个策略的核心是在共享中心中，强化有海外不同区域经验的专家资源的建设，让这些人进入企业的专家库、智囊团，一个企业方对多个专家，集成解决方案。

很多企业面临的人才问题是极度缺乏专业人才，他们的人才策略始终围绕寻找专家、寻找知识来进行。

在共享经济下，互联网“专家平台”也应运而生。

深圳一度公司打造了一个“专头”平台，平台上有来自各行各业的顶尖人才。“专头们”大致划分为运营品牌、市场营销、创业投资、设计产品、技术开发五个板块，包含创业、产品、运营、品牌、法律、战略、市场、设计、技术、投融资等多个领域，每个板块都有相应的大咖坐镇。每一个“专头”都有详细的介绍，包括出身、擅长技能、主要成就、约见信息等。

致力于打造资深专家职业自由的“4565分时专家平台”，借助大数据和智能推荐系统，在探索帮助企业与专家进行匹配。它的实现路径是平台抽取目标企业的需求，建立向量模型，研究目标企业的行为特征，进而开始对需求做问题分析和专家匹配。

专家模式不仅是C2B，面对企业用户，还包括C2C，大量个人用户。

“在行”是一个让各行各业的专家利用空闲时间，替职场新人等答疑解惑的平台。行家在这个经验分享的平台上，能看到自己的知识、经验输出情况，了解到这些经验和知识是否对别人的成长形成了帮助。对别人成长的帮助，在这种对应关系中收获认同，也获得收入。

这也是专家、行家里手能在共享平台上发挥的一个独特功能——制作人功能。不仅仅是输出知识、经验和技能，还有辅导能力，通过别人的实践展示去看到自己的能力和价值。

高端人才跨界，能够让专业价值更充分地流通和凸显。而那些在细分领域里达到专业极致的人，将在人才共享的发展趋势中独占鳌头，拥有更多的粉丝、流量、优质的用户资源和孵化机会，以及高价值的商业回报。

在现象级的 IP 经济的崛起中，IP 代表了一种极致性，代表了更高质量的设计方案，代表了风向标，代表了平台上的极客。

平台创客，借力专家平台

创客角色，是“平台 + 个人”模式的另一个重要角色。“专家”品牌能借力专家平台得到显性化的塑造，但专家并不是止步于一个“专业化标签”，还可以获得投资和资源合作，从极客变成创客。

作为智力服务行业的管理咨询服务，出现了“咨询换股权”的新模式。咨询顾问可以输出自己的技术服务，获得客户企业的股份，或者成为公司的合伙人，扶持客户企业一步步成长，并共同收割企业的成长收益。

当一个人带着自己的知识和技能，带着自己的产品或服务，就不只是单纯的专业工作人士，而是可以被投资孵化的种子。

韩都衣舍的“云时尚平台”计划，就是要搭建一个让所有人都可以设计制作衣服的低成本创业平台。平台提供打版、生产、拍照、营销、客服等各个环节的服务，利用该平台的人只需进行设计，其余均可付费获取。韩都衣舍通过平台的后台数据，发现优秀的人或团队，然后进行投资，与设计者一起将品牌运作起来。

一方面，互联网时代，人力资本发挥的作用越来越大，特别是知识工作者，创造的价值起到物质资本不可取代的作用。人力资本与物质资本具有同等的利益分配权，人力资本投入在产品价值实现过程中也能享有应得的收益。这激励了很多人才转身为创客。

另一方面，随着平台在供应链系统、IT 系统、仓储系统、客服系统等方面的全方位支持，在平台上的创业成本降低了，创业过程也没有那么复杂了。韩都衣舍搭建的平台正是弥补了设计师不擅长运营管理的弱项短板，让设计师能专心设计和产品研发。

红领集团是全球独一无二的大规模定制西服的企业，通过数据建模，建立起一个人体各项尺寸与西装版式之间的数据库。生产过程全部以数据来驱动，让量体的方法变得简单，人人都是量体师，实现大规模地量产。

传统的定制过程，量体师是一个非常重要的环节，需要长期的经验积累，懂得制版、体型和工艺。但红领把个人经验变成了数据系统，即便不懂服装的人经过 5 个工作日的培训，也能准确测量顾客的身材。红领在降低量体师的门槛后，开始发展长期合作的个人量体师。他们经过简短周期的培训，就能学会量体，开始创业。他们不需要门店，只需在自己的社交媒体上寻找顾客，给顾客看样、量体，然后在红领的创业软件上下单，享有红领完整的供应链系统的支持。

个人量体师依托平台的合作资源，创建发展自己的品牌。

刘强东说：“现在的创业环境已经不同以往。以前我们想要创业，需要有自己的团队，需要有大量的注册资本、运营资本等财力的支撑；还要花时间去开发设计自己的产品，去开拓自己的市场。以前创业不仅是一个烦琐的过程，也是一个重资产投入，很多人因为高门槛而无法加入创业大军。”

现在互联网平台为有时间、技能的专业人才，提供了很多创业资源，如共享的办公空间、第三方服务软件 / 工具、社交空间等。

优客工场是针对创业者的不同发展阶段形成三级孵化器、加速器等差异化产品，配以法务、财务、人力、投融资、云平台、医疗、项目资源、产品销售、共享式前台、会议室、开放讨论区、私密电话间、网络、政府政策对接等服务项目，让创业者专注于创新与发展。同时，优客工场整合成功企业家、行业联盟、政府机构、高校资源等，打造创业导师团，为创业者提供创业实战指导。

创客的路变得不那么孤独，甚至是一种享受。

跨界整合者

在人力资源共享中心模式中，HRBP 的角色类似于“经纪人”。他不是最顶尖的人力资源专家，也不是最精通的业务专家，但他了解业务、有人力资源专业基础，能够将人力资源的专业价值与独特的业务价值整合起来，发挥 1+1>2 的整合效果。组织总部通过 HRBP 使总部和业务部门之间保持上下协作、业务协同。

HRBP 有平台专家的专业辅导功能，有平台上共享服务中心提供的标准化的支持性功能；在这些资源一起发挥作用的基础上，将工作重心向业务单元倾斜，成为业务单元的合作伙伴。

互联网使人类进入了一个“外因时代”，全世界的人和知识、各类资源都可以在互联网上广泛连接。擅长跨界者通过跨越各领域的界限，横向整合资源，把有能力的合作伙伴和有价值的资源要素组合到一起，创造出新价值。

跨界者具有全局把控、整体规划的能力，在互联网平台上扮演着“互联网 + 经纪人”的角色。越来越多的企业也开始招聘具有全局整合能力的人，实现开拓性创新和业务拓展。

每个人都有机会整合自己的资源，成为经纪人。“好屋共享”就是这样一个新型的互联网经纪服务平台，主要是连接房源、购房者和经纪人这三种资源，形成房产交易的生态圈。好屋首推“全民经纪人”的概念，即任何人都可以成为房屋经纪人，只要推荐周围有购房意向的好友信息，就可以成为好屋的合作伙伴。

在这个“平台 + 个人”的模式后面，平台的重心仍是建立平台的标准化流程和工具，形成平台的优势和效率。好屋不断打磨适合经纪人的系列 APP 工具——智能的客户管理系统，将房产营销过程标准化。现在还出现了“中国网络经纪人”这样为经纪人提供房源管理的手机应用程序。

经纪人的作用主要是获取资源、分享资源，基于互联网“互动、分享、均利”的本质，与平台达成合作与互利。

擅长跨界者，能通过有效驾驭、整合各种资源，成为新的成功角色。在本书“复合型人才”章节里，将从如何寻找多维度的跨界空间的视角，探讨跨界与整合。

个体的宽度

2017 年 4 月第十三届全国运动会，马拉松向业余选手开放。很多跑者从全国各地奔赴全运会，参加群众组马拉松项目，与专业参赛者在同一条赛道上竞争。这是全运史上首次专业精英与业余群众“融合”在一个平台上。

游泳项目建立业余运动员参加全运会比赛机制，50 米自由泳、100 米自由泳、100 米蛙泳三个项目，业余运动员在通过资格赛成绩达标后，可以参加决赛与专业运动员同场竞技。也就是说，业余选手们可能有机会与孙杨竞赛。

……

这是作为国内水平最高、规模最大的综合性运动会——全运会，在共享经济下开始的大刀阔斧的改革。增加群众体育比赛项目，使普通群众从围观变成了亲自参与。“群众组”也成为发掘人才的平台。“草根选手”和民间高手在全运会赛场上展现风采，获得荣誉。

从精英运动到全民健身，专业与业余的身份界限在模糊。业余选手也能体会当主角的感觉，兴趣、特长可以获得重视与发展。

越来越多的人在职业之外开启多重身份，用一条条斜杠来罗列自己的兴趣、特长，体现自己的宽度。斜杠身份意味着对自己身份的细分，斜杠思维因此而产生。

在这样的思维驱动下，擅长“收纳整理”的职场白领将自己的特长变成独家优势，成为“收纳”领域达人。他们通过授课、帮人整理衣橱和生活空间，获得收入与一份认同。

有“拖延症”的高校博士通过向大众分享自愈的过程，破解分析拖延心理和治疗拖延的方法，开专栏、建网站论坛，帮助众多拖延症者成功“战拖”，以此获得了巨大的价值回报。

企业女高管运用职场上时间管理的知识和经验，通过“妈妈”这个第二身份进军“儿童时间管理”领域，研发打磨整套课程、出书，走上了多元化的斜杠人生……

由此可见，市场需求越来越细分和多样化。人们可以不依赖单一收入作为整个生活来源，不依靠单一职业作为奋斗路径，每个兴趣爱好都能找到分发的平台来独立经营。人们开始拥有生活与工作规划的自由，可以按照自己的方式管理自己。

人才共享平台的价值是以实现个人价值为导向，让个人能自己定位自己的身份，随能力、随愿望去选择想做的事情，最大限度地发挥个人的潜力。这是对自我价值实现的设定。

互联网平台，也需要更多有鲜明特质的个体来共同参与。这体现了平台的包容性。

这是一个个体崛起的时代，很多人开始在各类平台上铺展自己的事业，定义自己的角色，与平台深度、持续地交互与协作。“平台 + 个人”的组合，让不同的人可以根据自己的特长，发挥个性化作用。图 1–7 所示的这些是已经处于上升通道的个体角色。

在平台的生态圈里，人们不必只能沿着一个组织的职业通道爬梯子，不必担心没有晋升机会遭遇职场天花板，不必在 35 岁时就开始忧虑职业衰退期……一个人可以按照自己的特质、优势、兴趣，成为“百变大咖”，不断地变身自己。

图 1-7　平台生态圈的角色

人才共享的舞台大幕已经渐次、迅猛、华丽地拉开，每个人都要准备好如何闪亮登场。

我们也需要一个专业平台来把自己解读出来。平台力量 + 个人魅力结合起来非常强大、震撼。

微信公众号的口号是，再小的个体，也有自己的品牌。

小结

“平台 + 个人”模式会演变出不同的角色，具有不同的内涵和价值。在“标准化 + 个性化”的组合中，平台标准化的支持功能让每个人可以更多地发挥自己的特质。

1. 平台极客

（1）流通价值：高端人才，将成为企业之间、行业平台上价值传递链条的重要环节，获得更快捷的流通。

（2）商业价值：在细分领域里达到专业极致的人，将在人才共享的发展趋势中独占鳌头，拥有更多的粉丝、流量、优质的用户资源和孵化机会，以及高价值的商业回报。

（3）成为现象级 IP：IP 经济的崛起，是推动平台上各类极客的成长动力。

2. 平台创客

（1）投资孵化价值：优秀专业人士的知识和技能、产品或服务，可以成为被平台投资孵化的种子。

（2）创业门槛：创客可以依托平台的合作资源，如供应链系统、IT 系统、仓储系统、客服系统等方面的全方位支持，创建发展自己的品牌，实现低成本创业。

3. 平台经纪人 / 跨界整合者

（1）互联网 + 经纪人：每个人都有机会整合自己的资源，成为经纪人。经纪人角色的内涵是资源整合者和专业规划师。

（2）跨界整合者：擅长跨界者，具有全局把控、整体规划的能力，能通过有效驾驭、整合各种资源，成为新的成功角色。

4. 斜杠 / 多重身份

（1）开启多重身份：用一条条斜杠来罗列自己的兴趣、特长，体现自己的宽度，细分自己身份的特性。

（2）分发多重身份：市场需求越来越细分和多样化，每个兴趣爱好都能找到分发的平台来独立经营。人们开始拥有生活与工作规划的自由，可以按照自己的方式管理自己。

互联网时代的忠诚观

人才共享时代，既往的忠诚观在发生怎样的变化？

“平台 + 个人”的模式，让个人可以与更多平台合作，而不必专属于某一个组织。那该怎样理解传统的“对组织忠诚”的职场价值观呢？

战国末期，赵国的名将廉颇，曾有一度失势被免将而后又得势“复为将”的经历。这一失一得之间，廉颇的门客也做出了自己的选择。

廉颇失势之时，门客离他尽去。待到廉颇复用为将之时，门客又都回到廉颇的门下。

读史到这里，人们也许会站在廉颇的角度去思考：当他又升坐在将军堂上，看着堂下那些去而又回的熟悉面孔，该做出如何反应？

管理咨询界的同行“熊大”（网络名），曾经自己扛起大旗成立了一个

BU（事业单元）。同时，熊大所处的这个咨询平台上还有其他各类的BU。苦心经营了一年多，熊大的BU并没有什么起色，而其他BU很多风生水起、有声有色，业务不断兵强马壮。熊大的BU业绩排名始终不能名列榜前。

于是，旗下的咨询顾问纷纷跳水到其他BU，追随其他“大大”去了。

熊大自己苦撑苦挨，一单一单地做，业务慢慢有了起色。于是，出现了与历史相似的一幕，顾问又想回到熊大的麾下。

“数次反转，是否意味着不忠诚？”熊大心中种下了这个心结。他认为自己曾经被“离弃”，是招纳一个完全没有前科的新人，还是就事论事，相逢一笑纳故臣呢？

熊大甚为纠结，与我做了一次讨论，怎么看待“组织忠诚”。

“覆水再收岂满杯？弃妾已去难重回。”我说：“每个做老大的，都希望下属对自己是‘从一而终’地保持‘忠诚度’，远之则怨。这多少含有一些自恋的成分。然而，我们又有何德何能对别人‘承诺一生’？”

网络上曾经流传着一则联想员工写的帖子：《联想集团大裁员：公司不是家》。

发帖的员工在经历过公司裁员事件后，发出“员工和公司的关系，就是利益关系，千万不要把公司当作家”的内心呼声。

同时在网络上流传的，还有柳传志对这篇“委婉哀怨”的“公司不是家”的帖子的回应。

柳传志认为，这则帖子记载的是员工的真实感受，但发展是公司的硬道理，只有发展了才有能力对股东和员工负责。

“从发展的角度出发，企业就必须上进，内部就必须引进竞争机制。员工在联想既要有感到温馨的一面，更要有奋勇争先而感到压力的另一面，因此不能把企业当成一个真正意义上的家是必然的。在家里，子女可以有各种缺点，犯各种错误，父母最终都是宽容的；企业则不可能如此。”

“我很抱歉地对‘公司不是家’的作者说，我们考虑问题的角度不同。”

我和熊大讨论了联想裁员引发的员工质询的案例，案例的核心问题就是，员工是否要对企业像家一样保持“从一而终”的忠诚度。很多像熊大这样的管理者、老板，他们内心一直以员工要“对组织恪守忠诚”来作为职业道德和企业价值观，让员工与企业的“发展目标”保持同步；或者，把发展目标分解为员工的业绩指标，和员工的利益捆绑在一起，让员工和企业的经营目标保持同步。

然而，这个看似同步的过程，其实存在一种潜在的不同步、不协调。

当员工不再适合企业的发展时，他们就面临被淘汰、被置换出局的命运。一旦离开企业后，员工的发展和命运则全权由自己负责。如果一个企业要的是你“最好的那一段时光”，那你剩下来的日子只能作为残花败柳留下一点残值。

这种“忠诚”是不对等的。企业不是一种长期的信仰，忠诚于谁。如何忠诚，忠诚多久，始终是一个难以回答的问题。

我和熊大，如同柳传志和他的发帖员工一样，站在两个不同甚至对立的角度，去评估忠诚、职业道德。

那么，廉颇和他的门客，又是如何交锋“忠诚”的呢？

公元前300多年的某一天，廉颇在将军堂上，对堂下又投奔他而来的门客们心有芥蒂地说：“客退矣！”他想驱散这些门客，令其知耻、自惭。

有一个门客却说：“吁！君何见之晚也？夫天下以市道交。君有势，我则从君；君无势则去，此固其理也，有何怨乎？”

门客的意思是：“您怎么到现在还不明白呢？天下人凭着市场利益的规则交往，您得势，我们便追随您；您失势，大家便各自散去，这是很正常的道理，您又何必抱怨呢？”

公元前，廉颇的门客提出来“人才与市场”的观念，打破了员工要忠于企业，却又无法忠于一个企业的悖论。虽然这个观念在当时还受限于利己主义、实用主义的利益交往的规则中，但也算对忠诚、职业道德提出了全新的见解。

在日本公司中，员工忠诚与否及忠诚程度是公司绩效评价的首要标准。员工对公司终身忠诚，公司对员工终身雇佣。这就是日本企业的一个特色文化——“终身雇佣制度”。

在经济高速发展期，日本企业为了留住熟练工人普遍实行了终身雇佣制。但是，这种制度使员工始终封闭在一个企业内，与社会市场隔离，不能吐故纳新，严重影响了企业的创新；从整个社会来看，也影响了人员的配置效率。

进入互联网时代，“不求人才为我所有，但求人才为我所用”的观念，颠覆了传统的“组织忠诚”的概念。

中国人民大学的彭剑锋教授说：“互联网时代是一个真正的人才主权时代，是一个员工随时有可能炒老板鱿鱼的时代。互联网时代的人才不再简单忠诚于企业或老板，而是更强调忠诚于客户，忠诚于自身的职业使命和专业。”

企业对人才应该从封闭式的平台到开放式的平台，不再简单强调组织忠诚，而要更强调职业忠诚和专业忠诚，彼此之间强调契约精神。

一些特殊的专业人才，可以同时被多家企业所用。他们依靠的是专业化生存，体现的是职业化忠诚，而不再是企业忠诚。他们所需要的是对客户忠诚，把企业当成一个客户，用专业能力为这个企业提供服务。

今天的人才供应链需要的是全球人才的供给。比如，很多手机企业的研发部门，它所吸收的人才不仅仅是技术创新型人才，还包括历史学家、哲学家、美术家等各行各业的专家组合体。这样跨界的研发人才组合，才能真正开发出让消费者喜爱的创新产品。

小结

1. **新忠诚观：**人才共享时代的观念变革，从组织忠诚到职业忠诚、专业忠诚。
2. **契约精神：**人才供应链需要全球人才的供给，组织和员工之间更强调契约精神，而不是简单的组织忠诚。

第二章　激活个人品牌

从身份的入口开始，给身份“充电”，打造自品牌的引爆点。

身份的属性
从同质化到个性化

移动互联网时代，自品牌是一张个人名片，展现个性化的身份属性。

自品牌的引爆点

移动互联网时代，每个人都有了新的身份标识——个人 ID（英文“Identity”的缩写），这是一个人的网络登录账号，代表着每个人与外界交互的入口。

身份是“一个个体所有的关于个人定位的意识”，直白地说，即“我是谁”。

如何利用好这个入口，在 ID 账号后展现出一个人的个性化身份呢？

它不是名片上寥寥几条固定信息，姓名、公司、职务等，也不是各类登记表里年龄、性别、学校、地域等泛泛的同质化信息，而是一个人对自己多维度、立体化的身份设计——

自我形象、独特认知、情怀与价值主张、社交圈层、商业价值……这些表明身份属性的标签越鲜明，围绕自己的解析越深刻，自品牌就越有辨识度，继而也就有了可以带来商业价值的引爆点。

思维导图：个人 ID 的构建

下面将从自我形象、认知、社交和商业性四个维度，构建个人 ID，如图 2-1 所示。各维度的构建要素，如图 2-2 所示。

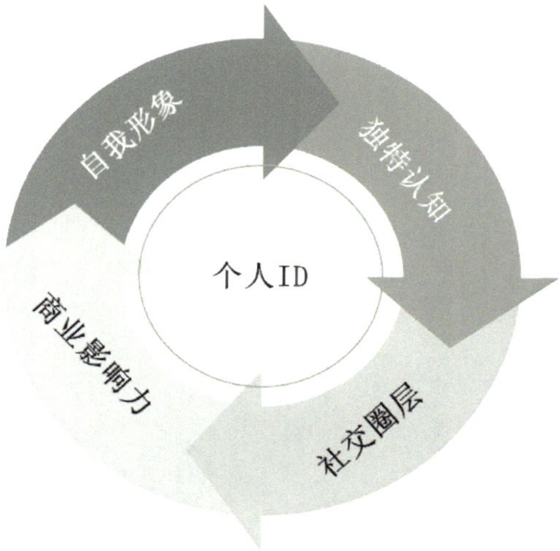

图 2-1　个人 ID 的组合

1. 从自我形象出发

自我形象思维的第一层面要素：姓名、性别、年龄、学历、职务、星座等，这些是身份的基本属性。

第二层面要素：从身份的基本属性过渡到体现独特性的属性，这暗含自定位的品牌名、具有典型特征的外部形象、一段有信服力的经历的提炼等。

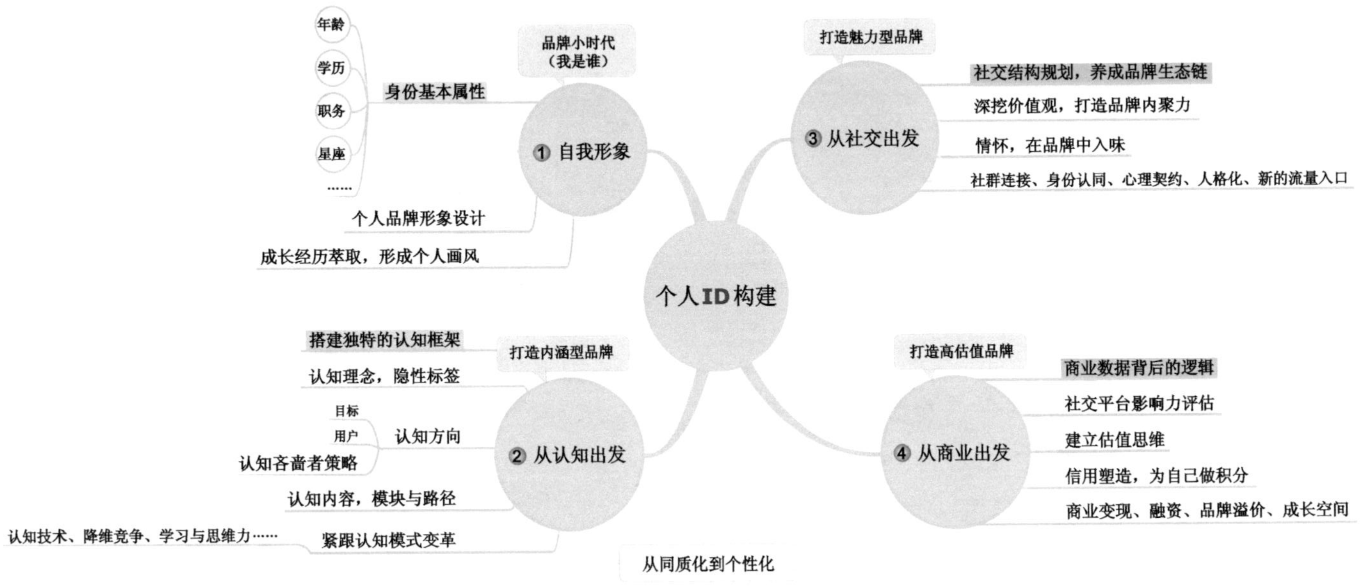

图 2–2　思维导图：个人 ID 的构建

品牌小时代，每个人要为自己代言，展现自己的“看点”。“我是谁”——自我形象是个人品牌的第一个标签。

2. 从认知出发

每个人独特的认知框架，可以发展为体现品牌内容力的标签。

认知思维的第一层面要素：认知理念，即我的价值观是什么。

第二层面要素：认知的目标和用户，即我的目标和受众群体是什么。

厘清前两个层面后，构建思维的第三层面要素：认知内容。三个层次的递进，体现了认知的一种精进努力，有的放矢地投入。对认知的投入也是对自己的投资，积累认知资产，开拓内容营销。

第四层面要素：认知模式，即我认知的视野和前瞻性是什么。互联网时代，认知技术在不断变革，认知或被边缘化或被增强，搭建自己的认知体系，离不开认知能力的不断进步。

探索认知的过程，也是寻找自己在互联网平台上的坐标：我能输出和共享什么？我能服务于哪些用户？

3. 从社交出发

每个 ID 账号里都有人际关系圈和社交互动的动态。在社交活动中构筑什么，粉丝（用户）结构 + 共同的价值观 + 独特的情怀，构成了一款魅力型品牌。

社交思维的第一层面要素：有序的社交结构规划。明确人际结构的重心，从对品牌有直接价值的“核心粉”，到“外围粉”“路人”的辐射。不同的层次分兵出击，做不同的规划和投入策略，养成品牌生态链。

第二层面要素：共同的价值观。价值观，对内隐含、分布在一个人的认知体系里，包括产品设计、工作成果等认知成果的理念；对外隐含、分布在一个人的社交体系里，它影响着社群的连接、身份的认同和心理契约等社交成果的成效。

第三层面要素：情怀。新一波的“人心红利”，将每个人内心深处的热爱和兴趣激发出来。虚拟的价值观和情怀，已经发展成为品牌的人格化标签，也是社交过程中重要的流量入口，商业价值越来越凸显。

4. 从商业出发

每个 ID 账号都呈现不同的粉丝（用户）评价和势能，评论数、转发数、点赞数、付费产品的定价、收入金额、参与人数等项目。这些项目和数据后面，反映的是一个品牌的影响力，是对内容、粉丝、市场贡献等方面经营结果的综合评价。

从商业价值出发的两个思维要素：自品牌的影响力、自品牌的估值。打造自身的影响力和高估值，是自品牌的发展目标。

自品牌的影响力包括内容力、用户指标、成长空间、变现能力等方面，是自品牌推广的商业背书。拥有一定的品牌影响力，才能具有更好的估值和变现、融资、跨界发展等多种商业可能性。

影响自品牌估值的关键要素包括自品牌影响力、信用评价、自信心等。估值思维能提高对品牌的商业性认知，找到品牌商业价值的评判依据，为品牌发展赢得更多商机。

品牌小时代的自我形象

从自我形象的构筑开始，精心设计自品牌的门面。

创新设计自我形象

自 2017 年起，国务院将每年 5 月 10 日设立为“中国品牌日”。创建中国知名自主品牌，是中国崛起中的主旋律，提高自主品牌的影响力和认知度至关重要。

百度百科对“品牌”的定义是，具有经济价值的无形资产，用抽象化的、特有的、能识别的心智概念来表现其差异性，从而在人们的意识当中占据一定位置的综合反映。

所谓自品牌，是通过自己的努力经营来打造个人品牌，对外经营社会的关注度，对内经营自己的核心能力，并且能将品牌资产积累到个人名下，为自己带来长期价值和经济收益。

当你想做自品牌时，该如何着手呢？如何形成个性化的品牌形象，让用户 / 粉丝能从芸芸大众中识别出你呢？

自我形象是个人品牌的门面担当，能让品牌形象清晰而不是面目模糊，体现出你的自定位。包括品牌名、外部形象、成长经历等，这些都是自我形象设计的重要素材。

个人品牌名或网名（ID）是自品牌体系的一部分，每一次推送自己的文章或发表动态，首先出现在别人视野中的都是这个符号，它的输出频率非常高。

匠心独具的品牌名，能让品牌的内涵外显，成为有象征意义的符号。

例如，《水浒传》里梁山上一百零八将个个都有绰号，基本都以每个人的内在特质来描摹，如及时雨宋江、智多星吴用、豹子头林冲、小旋风柴进、花和尚鲁智深、浪里白条张顺。伴随着每个人的行为表现，这些绰号变成了一个个经典的个人品牌名，栩栩如生，闻名如见人，给人留下了深刻的印象。

所以，品牌名应考虑可持续性地使用，避免变更带来的影响。

随着品牌知名度的扩大，用户对品牌的熟悉度增加，更换品牌名的成本也会相应变高。

《战狼 2》的编剧董群，网名“纷舞妖姬”。董群说，自己当初起这个网名的缘由是想用“最娘”的名字写最阳刚的故事，后来想换更合适的网名，但“纷舞妖姬”已经成了 IP，很难再做变更。

“晚安少年”木易说，开始做个人品牌时，“花尽量多的时间，先想个好名字”，让这个名字辨识度高，同时具有一定的品牌感，又很容易记住。这一点无论在涨粉还是后期变现上都很重要。

外部形象，也是自品牌体系中的一个要素。

比如颜值，能满足人们的审美需求。

《论语》对颜值都曾着墨论过一笔，孔子说：“吾未见好德如好色者也。”看颜值打赏，自古就有。著名的古代网红美男子潘安，每次出门都有大堆粉丝围观，还向他抛掷水果。他每次出行都能满载而归——“掷果盈车”描述的就是这种颜值直播的盛况。

虽然颜值往往是先天生就，但随着多元化的传播渠道的涌现，经营自己外部形象的路数，已经不只是靠颜值来爆表。

例如，音频直播——可以展现语音的表现力，小咖秀——可以展现各种表演才能……

有一个心理学顾问，她一直认为自己的短板是天生一副细嗓子，说话缺乏权威感，难以建立专家形象。她一度很苦恼，没有自信心。后来，她发现自己的嗓音特点非常适合用微信语音做“治愈系”类型的朗读与心理辅导，一段段语音如轻声润物、沁入心田，让人感到平静。“治愈系”与“细嗓子”组合起来，加之心理按摩功能，她的形象反而因此被增强了。

“喜马拉雅”上订阅量很高的课程《如何练就好声音》，是一门关于“声音形象”管理的课程，帮助学员塑造自己的声音，改变自己的形象。

个人形象管理，可以从不同侧面去诠释和突出自己的形象特征。

邓紫棋嘟起“金鱼嘴”的表情风靡网络，引得网友争相模仿。她还开发出“开心的金鱼”“愤怒的金鱼”等不同的表情，每个表情都让人开心一笑。“金鱼嘴”已经成为她的形象 LOGO、招牌标签。

在互联网公司里，员工普遍比较年轻，公司的文化标签是“平等”“创新”“去等级”，这也成为员工个人形象的典型特征。比如，在办公区里，随处可见的马克杯代替了“保温杯”，象征打破传统的新身份。在公司年会上，管理人员、Boss 们，都穿上各种奇装异服，从不拘一格的着装上表现“可亲近”“年轻态”“脑洞大开”的个人形象。

典型形象的设计，能快速引导别人发现你的看点，也代表对自己的用心程度。

网红的网络形象都是经过悉心地构建，并不仅仅靠颜值。例如，“S 型身材”的“芙蓉姐姐”、“高颧骨，厚嘴唇”的“凤姐儿”，以及她们各种雷人的语言、故事。“极端的颜值”和“独特的风格”的组合模式，让每个网红都具有非常独特的标志性的形象。

小结

1. **个人 ID：**移动互联时代，我们对身份的表达，已经不限于身份证、登记表里泛泛的、刻板的标签，年龄、学历、资历等。个人 ID 成为身份的入口，展现不同的个人形象。
2. **品牌名、外部形象、成长经历等**是自品牌体系的一部分，是自我形象设计的重要食材，各有其独特的价值。

   品牌名：用心想一个代表品牌定位和特质的品牌名，并能够和品牌一起发展，持续地应用，保持品牌的一致性。

   外部形象：从不同侧面诠释和突出自己的特征，解读自己的看点，管理自己的形象。

成长经历萃取，自带个人画风

一个人的成长经历，往往体现了真实的自我，这也是自品牌体系的一部分。

朋友的电子书要在知乎上架了，小编约他写一个自己的简介，说说自己和这本书的关系，还发来一个参照模板。

【我的知乎ID（探险家×××）。中国海洋独木舟探险纪录保持者，世界首例单人全程漂流黄河探险者，常称自己为，一位常年划着条小破船的野生探险家。不知道是不是因为自小生活在海边，让我与水有了纠缠不清的开始。我迷恋在水上一桨一桨拓宽自己眼界，一浪一浪突破自身边界的感觉……如果你对我的黄河探险之旅感兴趣，欢迎与我交流。】

这个探险者的经历，是对这个探险者ID最有力的“现身说法”，两者之间是一种强关系。

竖起一杆大旗，建立一个ID，振臂一呼，希望响应者众多。人们首先产生的心理疑问就是这个ID是否师出有名。如果能自发追溯一下自己的经历，就给这个ID找到了一个支点。

用经历说事，这往往是知名人士、成功人士手中的利器，为什么现在很多自媒体都用这样的手法呢？

因为这是一个“品牌小时代”！

互联网时代从商业到社交，一个很大的变革就是2C（To Customer，对消费者、用户）的到来。消费者决定用不用、买不买、好不好。

- 从商业的角度看，工业化时期，品牌面向的是大规模、批量化的生产和大市场，而互联网时代面向的是定制化、个性化的小众市场，品牌需要做细、做小、做出差异性。

比如，韩都衣舍的品牌定位不是“一家服装企业品牌”，而是一个孵化更多子品牌的“平台”，一个多品牌群的互联网品牌集团。

在这个平台上的每个小品牌，都有一个定位，这个定位就意味着一个品牌原则上只能服务一类人，服务于这类人的喜好。选品牌的关键变成要考量这个品牌后面的人，这个人能理解这个品牌的定位和服务的人群，是品牌的“灵魂”设计师。

“选品牌就是选灵魂人物”，这是韩都衣舍的品牌策略，只要有那个能代表这个品牌的灵魂的人存在，这个品牌就能做起来。

- **从社交的角度看，人们从自己的需要出发，选择订阅、跟进、参与互动更贴近自己的公众号、自媒体或社群。**

互联网时代信息的开放，人们不再只能看到艺人、名人的宏大叙事的事迹和难以复制的行为轨迹，还能更近距离地看到很多不同领域、不同经历的人的体验分享。

我的一个做培训师的朋友，要出书了，这是一本有关“沟通”的书。在这本书的自序里，他坦言自己对这本书的思考时间已长达10年，从他到北京打拼的第一天起。因为他发现沟通能力是自己的一个短板，甚至“如此之糟”，为了要弥补这个短板，他又一次次地迫使自己反思和总结。这种在某项技能上比常人更“敏感”的经历，让他在多年后对“沟通管理”有了深刻的体验和总结。现在，他已经成为一个以沟通为看家本领的培训师。

这样磨砺过来的体验，对于有同样短板的朋友来讲，就是在更相近的社交和职业情境的困惑中，能获得更具体和专业的分享。

经历的背后意味着：他人的投入成本（时间成本、精力成本、物质成本）+ 产出。每个人穷尽一生，所经历的也是十分有限的。别人的经历就是自己的模拟人生，是自己可能的斩获，这还常常伴随着情感的共鸣和认同。

所以，经历是自品牌塑造中很好的一部分要素。

但是，经历不是简历，不能像记录流水账一样地铺陈，要潜心提炼市场需求的“干货”。

在互联网平台上，越来越多的人选择建立 ID 账户，发布从自身经历中萃取的干货。现在涌现得较多的、有普适性的主题有，思维模式类、情感类的主题，也有适合小众群体的，如某领域的专业知识、技能和工具类主题。知乎 Live 上有一个 1 万多人参与的主题：“建立专属的时间管理系统”。发布者从自己“15 岁考上北大、通过钢琴十级考试、掌握粤语等各地方言”的快速、繁忙且卓有成效的丰富的成长经历中，提炼出一套“时间管理法则”，包括时间管理、专注力管理等要点。

发布者的经历让这个主题有很好的信服力。他跳出了自己具体的专业、专长，从自我管理的“一个点”切入，来思考总结这些专业、专长得以实现的一段段经历。“自我管理”这个主题也是很多人成长过程中需求迫切的。

他的 ID 公众号有近 8 万关注者，在这个 ID 号下面，他还开发了“专注力管理”的电子书，围绕自身经历中的“这个关键点”做深度挖掘，形成了一个比较强的个人品牌。

互联网C时代到来，个人消费者成为主流，人们可以选择自己喜欢的商品或服务，C2C（客对客）模式成为一种重要的商业模式。一个人的经历和提炼，可以成就一个自品牌的内涵和市场。

其次，经历中的“干货”也不能平白直叙，可以以“讲故事”的形式，打造品牌的风格。

曾有一篇《我为什么要辞职去卖肉夹馍》的文章，发布在公众号上后被朋友圈大量转发。走进“西少爷肉夹馍”的店铺，墙上显示屏滚动播放着几个创始人亲述的创业故事。

> 几个来自百度、腾讯等互联网公司的程序员，为什么创业做餐饮呢？
>
> 为什么起名“西少爷”？（西：源于西安，朝向西方。要将中国的传统美食与文化，带到世界各地，打造卓越的全球化民族品牌。少爷：代表不落窠臼，不安现状，无所畏惧，坚守梦想的一群人）
>
> 创业前半年的研发期，数千斤面粉的无数尝试、实践，到研制出酥脆面皮的肉夹馍，是一个什么样的过程？
>
> 小屋里勾画的原始创业计划，甚至还夹带着错别字……这些真实的细节性花絮如何再现故事场景？

随着这个品牌故事的传播，“IT男”“大学生创业”“成功逆袭”等网络标签也随之而来。品牌故事清晰地呈现出这个品牌的独特风格。

一个品牌从一个名称变成一个有故事的人。故事是对品牌的内容营销，“故事化”的讲述能将与品牌相关的文化内涵、价值主张等进行可视化展示。这就是品牌故事的价值。

而“90 后”等新生代群体，更喜欢品牌后附有故事这种模式，这样的品牌看起来更有亲和力、体验感。

最后，把经历变成滚动播放的品牌名片。

职业发展的趋势是未来很多人将不属于公司，而是变身自由职业者。你个人的品牌后面是你自己全部的经历。你可以告诉别人你是谁，那么，怎么让别人相信你呢？

专业投资机构在选择投资项目时，主要是投人＋投商业模式。那么，如何迅速地深度了解被投资的人呢？需要对被投资对象进行“尽职调查”，即对被投资人与投资有关的事项进行多方面了解，判断被投资人是否合适。

传统的尽职调查方式包括走访、收集信息、看材料等。移动互联网时代，微信、微博等成为尽职调查和投后管理的重要平台。在微信朋友圈能够随时在线、轻松了解被投资人在做什么、想什么，实时了解创业者的动态和策略。

投资机构在投资黄太吉（主打煎饼果子的中式汉堡公司、互联网创业圈里的网红）时，就通过创始人赫畅的朋友圈了解到这位创业者“有激情、很勤奋，睡得晚，起得早，充满正能量，而且大部分时候都是在谈论企业发展，聚焦而专注”。

现在，因为有了这种全天候、无死角的调查，投资人对创业者的认知和判断也就比过去更充分、更安全，也更有把握。

移动互联网时代，当我们开始自成一个品牌时，在社交媒体上，动态的经历就是最好的品牌宣传。

我刚开始用微信时，因为新奇，每天使用它，尤其是喜欢晒四处吃到的美食。终于有一天，一个一直在微博上和我交流互动的朋友，给我发了一条微信，难掩失望之情说：“你怎么从文青变吃货了？”

然后我突然意识到，久而久之，你在朋友圈里的行为轨迹会逐渐构筑成你的形象。吃喝玩乐总是大占榜首的时候，你的主体形象就模糊了。

每过一段时间，大家可以回看一下自己的朋友圈等社交媒体，在那里沉淀了一个怎样的形象，不同的成长阶段培养了哪些基因。

品牌效应随着经历而不断放大，随着时间的积淀，这些基因最终可能造就强势品牌。

在美国，历史悠久的公司，如可口可乐、迪士尼、福特、哈雷·戴维斯等，都设有“公司历史学家”这一具有特殊使命的职位。即使是历史没那么悠久的公司，也会请人来整理、撰写公司历史，作为公司的品牌资产。

每个人都是自品牌的灵魂人物，从一段段经历的成长中萃取提炼，构筑输出价值，讲好自己的故事，设计自己的画风。这个逻辑框架如图 2-3 所示。

经历，是以时间为轴，打造一个人的品牌信服力。你的昨日之灯，是照亮他人人生路径的烛火微芒。

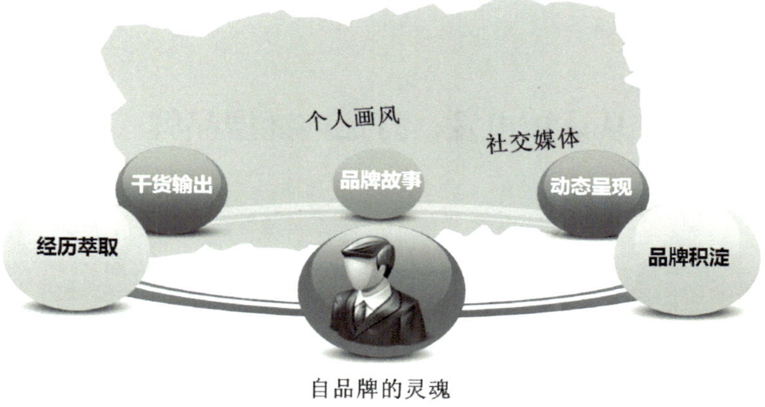

图 2-3　成长经历萃取的逻辑框架

小结

1. **品牌小时代**：从商业的角度看，互联网时代面向的是定制化、个性化的小众市场，品牌需要做细、做小、做出差异性；从社交的角度看，人们从自己的需要出发，选择订阅、跟进、参与互动更贴近自己的公众号、自媒体或社群。
2. **成长经历**：体现真实的自我，是自品牌塑造中一个重要的因素。时间成本、精力投入、亲身验证使其具有先天性的信服力，经历的核心价值具有不可替代性。
3. **经历的萃取**：从大量碎片化的人生场景中，潜心提炼经过时间打磨、有市场需求的“干货”，如思维模式类、情感类的主题，如适合小众群体的某领域的专业知识、技能和工具类主题。
4. **形成个人画风**：以“讲故事”等形式来输出“干货”，既能打造品牌的风格，还能还原生动的场景。

从认知出发，打造内涵型品牌

如何建立自己的认知框架，系统性地输出你的认知。

知名“说书人”罗振宇通过自媒体视频解说自己的认知，建立了“罗辑思维”这个品牌和互联网知识型社群。目前，类似这种讲述自我认识的互联网大咖，已经发展出很多独具特性的品牌，如老梁、高晓松、樊登等。从内容营销平台的崛起之初，很多人就开始以分享认知作为自己创业的模式。

互联网时代，人和人之间最大的差别是认知。人们开始根据自己的兴趣和发展规划，搭建自己的认知体系，彰显自己身份的独特性，并在社群中，通过认知引导来吸引粉丝，不断扩大影响力。

腾讯总裁刘炽平的体验是，互联网如同一部武侠史，一群人打不过一个武林高手。你堆再多的人，不如来一个武艺出众的人。也就是说，互联网时代，一个人在某个点上形成的认知体系，超越了一个庞大的队伍，那么，这个人就是武林高手。

搭建自己的认知框架

大凡江湖上的武林高手都有自己的套路，这成为各路高手的招牌。认知体系要形成一个完整的认知框架，可以从四个层面来构筑“套路”，如图 2–4 所示。

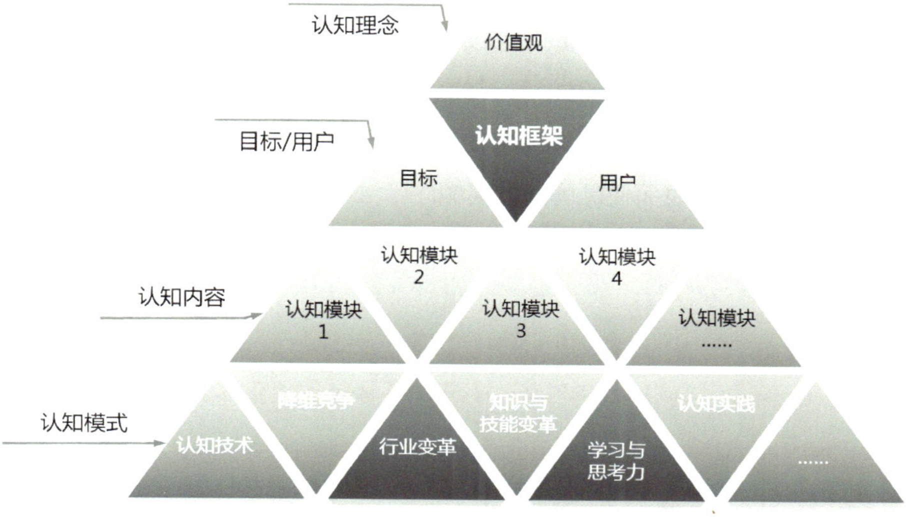

图 2–4　认知体系框架

■ 第一层面：重塑认知理念。

要重塑认知理念，首先要知道价值观是什么。每个人都有自己的价值观，它在认知体系的顶层，影响一个人的方向和行为。价值观是一个人在社交认知层面后隐含的“深层动机”，是对各类事物的基本判断和看法。

淘宝网规模做大了，但这个品牌也被称为“假货集中营”。马云在被外界质疑时曾说过：“假冒商品质量比真品还要好。”这就是价值观念影响人的认知。对假货持有宽容的观念，就会不尊重真正品牌的知识产权，以及对商家信誉的真实评价，就会产生假货与真货可比的认知。

同样，这种观念的存在，会在品牌的发展过程中，以不同的形式表示出来。阿里巴巴在购物搜索排名上进行人为干预，按照自己的“算法规则”而定，而不是透明地根据消费者的真实体验来排名。

虽然马云说阿里巴巴在打击假货销售上是全球做得最好的，但如果不改变认知和公司形象，阿里巴巴很难获得商户和购物者的信任。

很多自媒体在开始发展的时候亦是如此，它们追求的目标是平台的流量，当流量成为主要目标时，每天的焦虑是如何涨粉，然后越来越浮躁，变成用各种吸睛的标题和内容做推广，忽略了品牌理念的内在价值，慢慢离开品牌设立的初衷而使品牌面目模糊。

- 第二层面：了解认知的目标和用户。充分认识体现认知理念的实现目标和受众群体。
- 第三层面：构建认知内容。梳理体现认知理念实施落地的总体思路和路径。

我在和一些准备做自由职业者的人交流过程中，有一个比较共性的发现：他们在开始为自己做准备工作时，一边主动参与公司组织的培训学习，一边在每天忙碌的工作事务中思考自己的认知，但经常面临千头万绪、无从下手的情况，不能形成一个系统性的总结。

我建议他们先以自己的理念和愿望为圆心，然后不断向外画圈，用填空的形式罗列自己擅长的方方面面，形成主干后，再围绕自己的深度体验，总结实操工具和方法等。

有一个产品经理，刚开始工作时还没弄清楚产品岗位到底是做什么的。后来，他一直持续思考这个问题，并在知乎等平台上分享了很多自己的思考和答案，逐渐建立了一套产品价值观和方法论。

最后他写成了自己对产品经理认知的第一本书，建立了他的思维框架和逻辑脉络，如图 2–5 所示。

首先是产品价值和用户痛点。这是对产品经理来说最重要的环节，体现产品经理的理念。怎样才算产品核心价值、怎样才算用户的痛点，决定了产品最本质的意义。如果缺失了价值、没有击中痛点，做产品就没有灵魂。

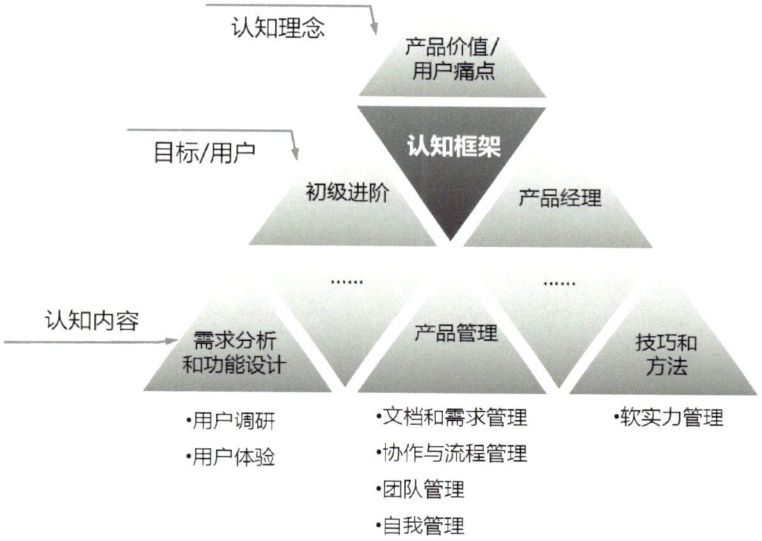

图 2-5　某产品经理的认知体系框架

其次是目标和用户。

产品经理没有统一、标准的知识体系，不同的人有不同的认知。这个产品经理曾经学习了一些相关书籍，如产品经理的老三件《Don’t Make Me Think》《用户体验要素》和《启示录》等，然后通过自己工作中的体验和视角，完成了对产品经理这个层面的系统认知。

这本书的用户群体是产品经理们，目标是实现初级进阶，帮助他们更好地入门，并探索建立自己对某一类产品的价值体系。

最后是实施的路径，这是认知的内容模块。

- 需求分析和功能设计。挖掘出产品价值和用户痛点后，准确地找到需求，进行功能上的设计和操作（例如，如何做用户调研、如何考虑用户体验等）。

- 产品管理。与产品相关的各种管理技能。产品经理工作内容的载体——文档和需求的管理，工作流程中——协作和流程的管理，对团队和自己的管理。
- 技巧和方法。很多产品经理熟知产品实操的技能，却不懂得许多处理事情的技巧和方法——软技能管理和提升。

通过认知框架的梳理，能让自品牌的定位更清晰，认知内容能够有的放矢地围绕认知目标，在深度和细度上渐渐“精进”，展现实力。

这是一种“认知吝啬者”策略。互联网时代信息爆炸，有方向地构筑自己的认知，能避免盲目地学习，最后碌碌无功，沦为平庸。

有一个管理咨询顾问，离开咨询公司后开始做自由职业者。他希望帮助更多职场人士，做面向未来的新技能准备。于是，他结合自己多年的咨询经验，从企业最看重的、市场价值最高的能力入手，梳理出一些核心技能，包括自我定位、职场观念再塑、时间管理、表达能力、思考能力等，然后围绕这些技能的开发做细、做深。这个顾问从自身优势出发，先梳理清楚自己的目标和用户定位，把精力聚焦在这个细分领域深耕细作，取得了很好的市场响应。

传播自己的认知，是互联网时代宣传自品牌的重要方式。搭建好自己的认知体系，有利于系统地、持续地推广品牌的独特价值。

对认知的投入也是对自己的投资。通过上述三个认知层面的积累，也有助于积累品牌资产。

知识、技能、职业素质等认知范畴的内容，体现了知识资本的价值，以及人力资本的价值。从工业化时代到互联网时代、知识经济时代，人力资本和知识资本越来越为企业所看重。

小结

1. **完整的认知框架：** 包含认知理念、认知的目标和用户、认知内容和认知模式四个层面。
   - 认知理念：体现一个人的价值观，属于认知体系的顶层，影响一个人的方向和行为。
   - 认知的目标和用户：体现认知理念的实现目标和受众群体。
   - 认知内容：体现认知理念实施落地的总体思路和路径。
   - 认知模式：体现认知的视野和前瞻性。
2. **搭建认知体系的价值：** 能化零为整、系统性地推广自品牌，积累品牌的认知资产。

探索新的认知模式

在认知框架的最底部是认知模式。认知模式要与时代和所处环境的发展同频共振，动态地为认知体系输入新能量。

■ 第四层面：认知模式。体现认知的视野和前瞻性。

苹果手机的 App Store 里，几乎每天都有 APP 软件等待更新的提示，这其实是在不断地解决痛点问题，不断地带给用户更多、更好的认知和体验。

自品牌要在这个变化非常快的时代里保持活力，认知就必须不断升级，在进阶中找到自己的认知障碍，不能自锁藩篱，限制在自己的认知框架里，形成路径依赖，慢慢失去竞争能力。

■ 降维打击和高维度思维

淘宝网崛起后，街边的商铺一夜间竞争对手变成了全国各地甚至全球，而不是同区域的其他商铺，因为电商时代去除了“地域”的限制，你可以“买全国、卖全国”。

这就是互联网时代的“降维竞争”。“降维”这个词来自科幻作家刘慈欣的小说《三体》。如果人类适应了三维，去掉一个维度，那么人类就无法生存，即你原来赖以生存的某个维度被去掉了，你就失去了习惯的生存条件。

互联网出现以后，很多原有的认知模式被打破，认知维度被去掉，造成原来的竞争模式被颠覆，原来取得的优势忽然就丧失了。

管理咨询这个行业，属于智力服务行业，是认知前瞻性行业，输出的咨询服务很多是依托于西方工业化时代的经典管理理论和实践。但是，互联网时代来临了，互联网思维让很多管理模型的维度都发生了变革。

以“组织扁平化思维”为例，这是要把决策权交给听得见市场炮声、贴近用户的一线员工，而不是通过各个管理层去下达指令，这使得经典的层级组织架构中——“中间管理层级”这个维度被去除。传统企业的层级式组织面临着降维打击，而为它们提供了多年组织管理咨询的咨询师、咨询公司，也同样面临这种降维打击。如果不能与时俱进，改变认知，品牌也就失去了“高维度思维”的标签，从而丧失引领市场、占领用户心智的优势。

“降维打击”成为高能事物打击低能事物的竞争模式，即把原有的某些核心维度的竞争力降为零，即“釜底抽薪”式的竞争把你所有精心构筑的认知价值变成乌有。

猎豹 CEO 傅盛说，大变革时代的生存之道是要花时间站在比别人更高的维度，把一件事情的方向想清楚。

■ 认知技术的变革影响

“吾生也有涯，而知也无涯”，互联网平台上开放的信息很多，但每个人的时间精力有限。基于大数据的认知技术的发展，帮助人们利用有限的认知能力，处理几乎无限的信息。

认知技术是通过对大数据的推理和解析，把经过处理的信息交还给人来使用和决策。

由于信息增长的速度加快，现在每个行业和专业都有永远学习不完的新知识。认知技术就是从技术层面帮助人们快速学习，并且将最核心的知识模块展现到用户面前。

在医疗行业，1950 年时预估医学知识的倍增时间是 50 年；到了 1980 年是 7 年；在 2015 年已不到 3 年。知识的增加大大增加了培养专业人士的时间和成本，比如现今的医生拿到行医执照需要11~16年。一生中的很多时间都在皓首穷经地学习过往的知识。

认知技术能帮助专业人员掌握新知识，缩短将专业人员培训为专家的时间。

认知技术也能帮助科研专家更加深入、快速地开展研究工作和分享成果。

IBM 利用大数据分析、认知计算，高效快速地从海量数据中找到风险因素，使得医学科研人员对于疾病风险有了更深入的认识与了解，从而实现疾病的精准化预测。

以一个亚裔癌症患者为例：认知技术只需花费 17 秒，就可以通过对 3469 本专著、超过 24 万份期刊、69 个教学大纲、6 万多份实验数据、10 多万份临床报告的通读分析，最终提出最符合患者需求的 3 个治疗方案。而一个医生要读这么多的资料，穷其一生也是难以实现的。

认知技术作为“先进生产力的代表”，将越来越强烈地对传统行业发起“降维攻击”。现在，认知技术已经在保险、金融、零售、通信、教育和医疗等行业实现变革。

随着行业的变革，认知技术和职业将会有更好的整合。整合的结果将决定一个人是被边缘化还是被增强。那些借由认知技术使知识技能得到补充的人会更有发展，而那些技能会被智能机器取代的人则面临失业窘境。

■ 探索新的认知

认知时代已经来临，它带来的不仅仅是工具发展的飞跃，而且是我们大脑的延伸。

在培训这个行业，每过几年，都会有一些培训师被淘汰，也会有一些培训师兴起。被淘汰的培训师往往只有输出，缺少有效的输入，导致培训内容枯竭、重复，跟不上市场变化。

输入和输出保持动态平衡，不断探索新的认知，市场存活期才能更持久。

构建新的认知时，需要进行外部市场调研，有以下几个维度可以参照：

（1）了解宏观认知：通过百度、谷歌等网络平台搜索，泛泛地了解某个领域的认知的市场热度、网友搜索的高频词、关键引擎、新闻性事件、历史发展进程等，有一个脉络性的认识。

（2）了解碎片式的洞见：在知识和社交平台上，例如豆瓣、知乎、微博等，观察网友的问答和讨论，了解不同视角和关注点，认识对这个领域感兴趣的人或大咖，互加关注，探讨交流。

（3）了解商业发展的实践：关注相关行业或专业领域、投资发展领域的公众号等，参加线下沙龙等组织活动，深度了解商业变革的成败，最新实践的经验和教训，了解企业家、创业者、投资人等的商业实践活动和他们对前景的预测。

（4）了解认知的理论层面的总结：关注自媒体、知识类的短视频，在知乎、分答、在行等公开媒介上的散布式分享，观察不同人的认知框架、关键点、实践案例，上升到理论和方法论层面。通过自己的分析和加工，把观察到的问题，对每个认识总结的深度和可操作性做出判断。

（5）了解认知领域的系统性总结：可以通过阅读最新书籍，了解最新的系统性总结。一般书籍里的系统性总结，往往纵向对某类认知开始深挖，横向跨界到相关领域展开交叉。

猎豹 CEO 傅盛说，每个人都会有自己的未知领域，这称之为“认知局限”。大部分人习惯于在自己认知范围之内判断和做决定。我们要尝试突破自己的“认知局限”，不断重构自己的思维模式。

（6）自我思考，建立认知框架：总结自己的实践要项，并上升到理念层面和方法论层面，形成认知框架。这个认知框架能帮助自己明确目标、有方向地学习，体系化、有主干、多维度地积累。

（7）实践、反思、完善认知框架。不断进阶，朝向更好的目标，成为这个领域的认知引领者。

在这个过程中，如图 2–4“认知模式”里所示意的，“行业变革”“知识与技能变革”“学习与思考力”“认知实践”都意味着“知行合一”，这是认知发展的关键。

每个自品牌下认知体系的构建，都离不开认知模式的发展助力。品牌和环境在不断互动中得到延展，在迭代中得到成长，甚至可以发展出更多子品牌。例如，罗辑思维发展出“得到 APP”，这就是品牌线在延长，保持住了生命力。

有一个自媒体人写下了这样一段话，激励自己：

> 我之所以心甘情愿每天系统地输入、辛苦地输出，是因为我清楚地知道，顺应这个时代的发展，完成思维方式的切换，提高认知的升级，远离舒适圈，才能真正地改变。

小结

1. **保持高维度思维：**要想成为某个领域的认知引领者，需要突破自己的认知局限，不断重构思维模式，实践、反思、完善认知框架。
2. **善用认知技术：**认知技术和职业的整合，将决定一个人是被边缘化还是被增强。在认知学习中，要整合不断进步的认知技术，使知识技能得到补充，职业发展得到增强。
3. **外部调研的参照维度：**构建新的认知时，需要进行外部市场调研，包括
   - 了解宏观认知。
   - 了解碎片式的洞见。
   - 了解商业发展的实践。
   - 了解认知的理论层面的总结。
   - 了解认知领域的系统性总结。

从社交出发，打造魅力型品牌

解构社交圈层，让自品牌能有层次、有策略地生长。

当下，每个人都活在社交编织的网络中。**从社交的角度看，能融合的粉丝（用户）+共同的价值观+独特的情怀，构成了一款魅力型品牌。**

做自品牌的一个重要成果，是能把一些粉丝聚集起来，把日复一日、繁杂喧噪、没有方向的社交生活画出一条长线的轨迹，如图 2-6 所示。他们带着对你的认同，和你一起守望今后，这便是虚拟的道路。

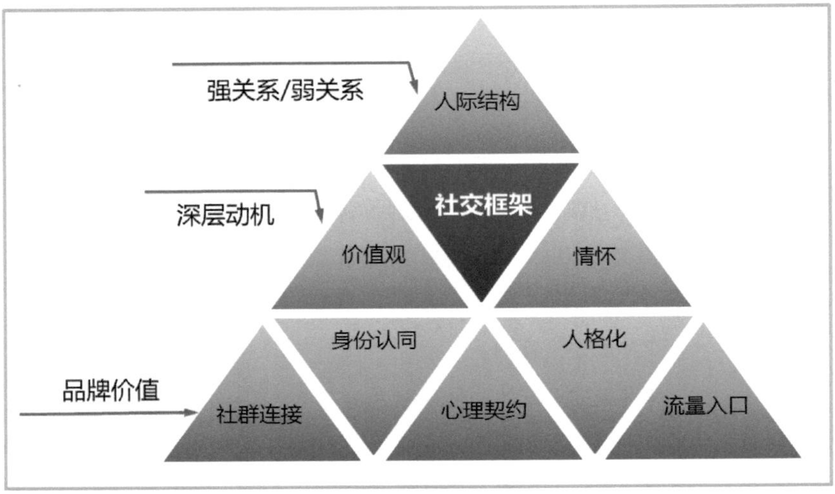

图 2-6 自品牌的社交结构框架

从社交结构中，孵化自品牌生态链

2007 年 5 月，一篇“HP（惠普）大中华区总裁孙振耀退休感言”在网上疯狂传阅，并受到诸多网友的追捧。孙振耀将人生总结为三个阶段：第一阶段是为现实找一份工作；第二阶段是为现实，但可以选择一份自己愿意投入的工作；第三阶段是为理想去做一些事情。

这里的“为现实”而工作，基本上是指 35 岁以前的生存资本靠打拼，35 岁以后的生存资本靠 35 岁以前打拼的积累，包括人际关系、经验、口碑等。

这种线性的职业规划是在移动互联网时代来临之前的典型写照，一个人进入一个企业后，家庭、工作两点一线，人脉关系主要来源于工作中的人际往来。所以，往往在对外交流较多的部门，人际关系会更宽泛，比如销售部门、采购部门等。处于管理层级较高的位置，因为对等原则，人际关系圈也会更高端。

但是，互联网的连接功能和社群的崛起，让每个人在工作之外都开始进行网络上的社交活动。社交网络是另一个平行世界，它打破了职场 35 岁的线性分界线，每个人都可以游离于组织之外进行社交资源的积累，不受岗位的限制。

在这样的网状社交时代，每个人被升级，从而使视野格局变得有所不同。

在社交网站上的“个人主页”里，通常首先呈现的是 ID 账号的“人际结构”——“我关注的人”和“关注我的人”。网站还会根据你的关注，推送你可能感兴趣的人，显示你和你的关注者共同关注的人。网站就是一个人际关系储备库，不断丰富你的社交资源。

你关注的人，可能是兴趣型、认知学习型，或是可能的事业合作伙伴。在陌陌、知乎等社交平台上，可以根据兴趣、关注点的相近形成交往关系。

人际结构，成为新的社会生存和发展结构。人际结构的构成，ID 账号之间的互相链接，形成了自品牌的生态链。**人际结构有序地规划，有助于品牌生态链的长成。**

■ 明确人际结构的重心

微信社交很轻易地带来了各种各样的人际关系，大家刷朋友圈能看到微信朋友传播、发出的各类信息。但是，微信朋友圈里很多关系都是一种“弱关系”。二维码的便利使用，改变了我们的社交习惯，连接到别人变得更便捷。“朋友验证”被通过后，很可能朋友就只是微信通信录里的一个名字，没有多少交集，也并不真正了解。耗费很多精力投入在这样的关系结构中，事倍功半。

这其实还是传统的大众媒体时代的“漏斗营销”模式。面向广泛的大众进行品牌传播，对所有人进行同一的品牌推广，先引起关注，再从中恰好碰到被打动的、有兴趣的，最后筛选出品牌的用户、粉丝，产生连接关系。这种方式低效、成本高。

找到不同的用户对接不同的话题点产生的价值会大很多。有的人关注创业，有的人关注动漫世界，你找对了，就能和他对上话，从而产生品牌黏性。自品牌的推广需要关注人际结构（用户结构）分析，找到核心粉丝，逐渐建立有效的社交关系链，不断地投放品牌内容。

曾经就职于新浪美食频道的秦朝，创立了垂直自媒体“餐饮老板内参”，专门对餐饮老板群体提供服务。创业之初，他和其他创始人在北京、上海、杭州、成都等地，到处寻访餐饮老板。从行业术语、生意模式、经营方法，再到了解老板们的困惑与需求，他们不断消化这些素材，再把它们转化成“干货”传播出去，制作出对这个群体有价值的内容，深度运营。

秦朝在开始公众号的运营过程中，通过每天随机和粉丝互动，逐渐掌握了精确的粉丝结构。40 万的粉丝大军中，老板占比 40% 左右，餐饮创业者占比 35% 左右，其余是餐饮行业供应商。之所以可以精确地掌握这一数据，得益于他在每天推送的微信后面，都会设置一个对粉丝表达感谢的环节，日积月累，让他了解了用户的构成。

掌握了清晰的用户结构，再加上深耕用户的能力，“餐饮老板内参” 2014 年很快拿到了第一笔投资，粉丝在一年之内从 2.7 万涨到了 22 万，品牌知名度也随之提升。

我们在社交平台上建立了自己的公众号后，一边投放内容，一边观察公众号的流量变化。对于关注了自己公众号的粉丝，可以及时去浏览这个粉丝的个人网页，分析粉丝的需求点，自己每天也可以腾出一些精力和粉丝互动。经过长时间的运营和观察后，给自己的公众号画出一个大概的粉丝群画像，不断精准地确定推广内容。

同时，也可以选择平台上一些有代表性的公众号样本，关注、分析他们的粉丝结构，逐渐摸清这个社交平台的主要粉丝群和特点。然后，把不适合这个平台的粉丝群的公众号内容进行调整，使公众号的品牌定位和输出内容对粉丝的吸引力增强。

■ 确定人际结构的层次

粉丝的积累和了解，需要一个探索的过程，然后对粉丝结构进行划分，从核心粉到外围粉，到路人。

知乎电子书店 2017 年新改版的平台界面上，会呈现每本电子书的 “阅读数量”，这些阅读数据就是后台推送出来的 “路人” 数据。他们浏览了某个电子书，可能没兴趣而离开，可能有兴趣而留下一个印象。其中一部分人产生了购买行为，这是作者定期从平台发送的 “销售数量” 后面的人群。这些读者中有人可能只是购买了这一本书，有人可能继续关注作者的其他作品，成为外围粉。这些读者中又有一部分人，可能开始关注作者的 ID 账号，进而关注作者 ID 下的其他作品和活动，并支持作者持续发布，变成核心粉。如图 2–7 所示。

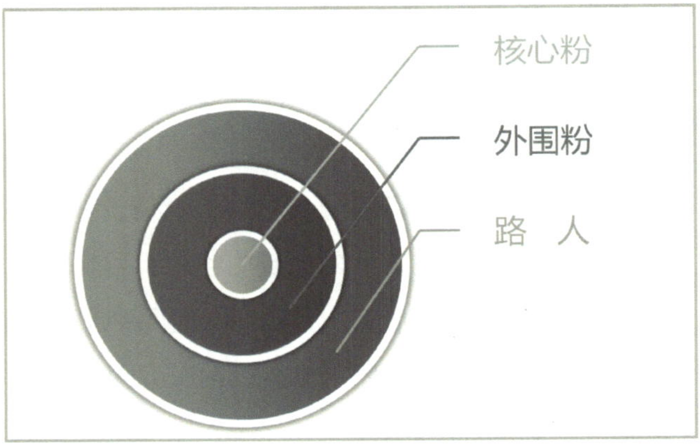

图 2-7　粉丝结构示意图

“核心粉”对品牌的养大有直接的价值。

一个自品牌从建立之初，就会有这样的成员来停留，他们与品牌一起成长，给予内容反馈和基础流量的支持，参与产品或内容的迭代和创新。品牌应对这部分成员给予积极互动和回馈，包括线下分享活动等更紧密的联系，增加品牌的温度和亲近感。

TFBOYS 就经常按照粉丝的意见设计自己的形象，在与粉丝的互动中实现自身品牌的成长，因此赢得了很多粉丝的认同。他们成功地把粉丝嵌入了品牌的发展。

品牌自身也会在这些互动活动中获取激励和继续坚持的动力。有时候，你可能想放弃，想懈怠，但总有人给你留言，有一句温暖或懂你的话，就化解了很多的负能量。“不是一个人在战斗”，这也是“核心粉”对自品牌的精神价值体现。归根结底，自品牌不同于传统企业的组织品牌，品牌背后都是一个个人，粉丝也是人，品牌和粉丝的交流，都是人和人的交流。这也是自品牌离不开社交的本质。

随着一些自品牌的成长，拥有了核心粉丝的长期跟随，品牌开始形成自身的引流能力。于是，现在开始出现这样的现象，有的自品牌能摆脱平台的束缚，他们一旦离开这些平台，粉丝也会追随他们离去。

美国作家凯文·凯利有一个著名的“一千个铁杆粉丝”的理论，意思是说，任何创作艺术作品的人，只需拥有1000名铁杆粉丝，也就是无论你创造出什么作品，他都愿意付费购买的粉丝，便能糊口。

无论你的什么讲座，即使很远的路程，他都愿意来听，他们愿意在社交网络上关注你发的每一条消息，他们迫不及待地等着你的下一部作品……这就是忠实拥趸的写照，也是“核心粉”对品牌的商业价值。

“外围粉”“路人”，意味着品牌的辐射范围，是品牌的潜在机会。

在一个社交网站上，有一个已经经营了上万个粉丝的ID账号，竟然关闭了自己的账号，移师到其他平台。核心的原因之一，是这个社交平台的粉丝群逐渐变化，缺少能有效补充的粉丝源，品牌与粉丝土壤越来越不能契合，因此选择了退出这个江湖。

这也是说，粉丝的构成是有不同层次的。“外围粉”甚至“路人”都是品牌的“群众基础”、源头活水。这里面也会有不同类别的构成。

当品牌还处于成长弱势的时候，可能已经和一些大V、大咖、行业权威品牌甚至投资人等建立了关系，但这并不意味着对方在意你、关注你。你是他的“核心粉”，而他只是你的“外围粉”或“路人”。当你增长到足够当量时，这些社交关系就会转化，你积累的资源和对方能找到合作点，这时候身份才有对等的条件，变成平等视角的合作伙伴。

我在做管理咨询时，曾经遇到过一个新入职的顾问。他跟随项目组到客户企业后，非常在意的一件事情是记录客户通信录里高管人员和关键岗位人员的联系方式。而且，在访谈分组安排时，他也希望尽量去访谈这些人员。有一次我问他："选择做咨询这个职业，期望的收获是什么？"他很认真地回答我："能否尽快多认识一些企业的 CEO。"

其实，即便认识了这些 CEO，也只是转瞬即忘的点头之交，你没有能力维护这些资源，无法"养金鱼"。人际关系资源是需要彼此给养的。管理大师德鲁克说，后职业生涯规划要做的事，其实是从前职业生涯就埋下伏笔。

这个阶段的品牌策略可保持合适的尺度，视时机而转化。

从"核心粉"到"外围粉"和"路人"，不同的层次可以分兵出击、做不同的规划和投入。只有多了解自己的人际构成情况，才能更好地实施品牌的经营策略，成本投入与产出效果最佳。

有人说，微信的实质已经变化：它不再是熟人圈、朋友圈，而是人际关系圈。人际关系变现也许在明天。

而今天，没有共同的利益基础打底，没有相似的价值观扶持，它还只是一个个社交数字。

小结

1. 社交数据与社交结构分析

这两方面信息的观察与分析，能帮助自己管理社交资源和决定如何投入。

- 社交数据既要追求量，还要追求质。
- 社交结构既要有核心粉丝的支持，还要保持合适的辐射范围。

"核心粉"对品牌的养大有直接的价值，需要给予足够的关注度。

"外围粉""路人"意味着品牌的潜在机会，形成品牌的链式生长。

2. 社交资源的经营策略分析

随着品牌的发展变化，社交关系的深浅程度也会相应转化。资源对等的人更容易成为合作伙伴，彼此投入足够的关注度。

对社交资源与品牌自身资源做分析评判，更有利于保持合适的尺度，并随时机而转化。

共享价值观，攒出品牌内聚力

朋友年届而立之年，在一互联网公司工作，形象正、气质佳，至今未婚。我恰好认得一个在会计师事务所工作的职业女性，条件相当，于是推荐给这位朋友，结果一句话就被他拒绝了："我和会计有什么聊的？"后来凡遇热心人给他说媒拉线，他必先提一个要求，男女双方先互加微信，彼此关注，如果三观合，能聊得来，再考虑见面。

由此可见，价值观已经成为影响社交关系的潜在因素。创业团队如果价值观不一致，很难一起走得稳定和长远。一个员工如果不认同公司的价值观，就不会成为公司的粉丝，很难一直保持忠诚。

图 2-8 所示为社交网站上"个人主页"的示意，一个 ID 账号下，通常首先呈现的是"人际结构"——"我关注的人"和"关注我的人"；还有这个 ID 账号下发布的动态活动，如"我的作品""我的分享""我的提问"等，显示一个人的认知成果、关注点。这是社交平台的构成逻辑。

前面提到过价值观，价值观对内隐含、分布在一个人的认知体系里，包括你的产品设计、工作成果等认知成果的理念和导向；对外隐含、分布在一个人的社交体系里，包括身份的认同、心理契约等。它并不是贴上一个外部标签就能形成的。

图 2-8　个人社交主页示意图

微信刚开始流行时，手机里一夜之间多出了很多微信群——同学群、同事群、各种标签的社群。现在，很多人手机里的群消息设定成了免打扰，然后变成长久未打开过的小红点。很多社群里的生态是各发各的广告，或者有人早晨按时预报天气，有人每天播一条新闻快读，大家从来没有达成过什么共识。久而久之，彼此还是陌路，维持着一种弱关系，没有更深层面的连接。

价值观可以变成人和人之间交往的鸿沟，而可共享的价值观，也可以成为凝聚社群、黏合粉丝的通路。

每个网红都是一个个性化品牌，在这个“个性化”的标签下，形成了网红身后的“粉丝社群”。追逐网红的粉丝们，是因为网红营造的社群文化，符合粉丝的个人价值观。很多人在网红这个品牌下找到了自己喜爱和能共鸣的小众群体，从而实现对自己身份的认同和自信，也带来了对这个社群的“群体归属感”。

自品牌的塑造意味着对品牌后聚集的社群的经营。打造魅力型自品牌的基础是构建一个为大家认同并愿意一起遵循的价值观，有一起推动品牌的愿景。

我在出版《每个人都是 IP》前，曾经考虑过两个选题思路，一个是从“少数精英”的角度来写，如何成为知识 IP、技能 IP，成为专业大咖、行业大咖；另一个是从“多数普通人”的角度来写，如何从自己的特质出发，成为一个有影响力的 IP（独特的自我身份）。这后面是两种不同的价值理念，你认为这是一个精英才有上升通道的时代，还是普通人也有可能通过自我经营寻找到发展通道。

最终，我通过价值观进行自我垂询，选择了“多数普通人”的选题角度。我希望通过这本书，明确自己做自媒体的价值理念，并和“我的关注者”——通过这本书关注我的人，一起分享和探讨更多这样的职业发展模式。

如同在《魔兽世界》游戏里，玩家“可以旅行、探险、钓鱼、采草药、挖矿，可以成为战斗英雄，也可以成为商人、实业家，或者专心钻研魔法”……每个人可以纯粹地做好自己，而不是追求重复性地“打怪升级”、战胜大反派而成为英雄这种脸谱式的同一形象。这是《魔兽世界》的价值观呈现出的世界。

我也是通过这样的价值观来做了一本个人 IP 打造的书。

职场“社群时代”已经到来。雇主与雇员为了共同目标和追求聚集在一起，在职场中形成特殊的“社群”体系，价值观相同、雇佣关系亲密。这是“最佳雇主”的品牌含义，这也诠释了互联网时代“忠诚的真谛”。

智联招聘发布了《2016 中国年度最佳雇主总报告》，调查结果显示，2016 年公众普遍认为：

> 一个组织显性的实体空间和行为很好复制和模仿，但是其背后所遵循的信仰和价值观却是需要企业首先在内部进行建设的。对非企业的员工而言，最佳雇主的实体空间和行为难以获知，但是企业所秉持的信仰和价值观却能够通过其传递的信息所感知到。

这说明，品牌与社群时代已经来临。无论是自品牌，还是组织品牌，每个品牌如何服务好一个社群，与品牌的价值观息息相关。社群不再是传统的“雇佣关系”，是为了共同的兴趣爱好和理念而聚合在一起的人群，是心理契约的达成。

没有共同价值观的企业（社群）常常是一盘散沙，只有在个人（社群成员）和企业（社群品牌）的价值观非常吻合的环境下，才可以留得住人。

因此，自品牌建立的过程，需要了解自己认同与希望推崇的价值观：

- 我想体现的价值观是什么？
- 我的品牌会给哪些群体带来价值服务？

小结

1. 价值观：一个人在社交、认知背后隐含的“深层动机”，对各类事物的基本判断和看法。
   - 对内隐含、分布在一个人的认知体系里，包括你的产品设计、工作成果等认知成果的理念和导向；
   - 对外隐含、分布在一个人的社交体系里，包括身份的认同、心理契约等。
2. 构建共享的价值观
   - 了解自己认同的价值观，以及会给哪些群体带来价值服务；
   - 能共享的价值观，可以成为凝聚社群、黏合粉丝的通路，推动品牌实现愿景。

自品牌的情怀，能激发人心红利

2016年，腾讯新闻打造的直播访谈节目《十三邀》成了一个爆款。2017年年初时，《十三邀》8集总播放量超过1亿，每集平均播放量达到1300万左右。

这款节目的爆点是许知远以“偏见”的视角，通过对话13个嘉宾，观察和理解当代社会。许知远说：“每个人都是带着成见看这个世界的，如果你不带着成见，那么你对这个世界就根本没有看待方式。”因此，这款节目充满各种价值观的碰撞。

第一期许知远对话罗振宇。两个有着共同身份背景的人代表完全不同的价值观。

罗振宇代表的是商业急先锋，追求效率优先和速成文化。许知远则认为，罗振宇创业的新媒体“罗辑思维”是一套将知识碎片化、实用化的商业操作。这就是一个“卖胶囊的人”——“他将知识放在胶囊里，做成速效救心丸，然后你就吃下去。”

在许知远看来，这是让人难以接受的状态。碎片化认知是对人类思想的毁灭和灾害，人们吃着知识的速效胶囊，忽略深入的思考交流，过着一种说明书式的人生。

罗振宇则将自己定位成一个买卖人，自己售卖的知识，消费者都有着强烈的渴求。他不想改造世界，只想让自己这一生，变成最好的自己，要做一个现实主义者，不做理想主义者。

这种价值观的冲突贯穿了整个访谈过程，这一期播放后观众的反应超出节目组预想。

录制结束后，访谈者与被访者都继续带着自己对这个世界的成见，回归社会。

13 个人，代表着这个社会的 13 个切片，他们的“偏见”共同构成了一个价值多元的社会，这就是“偏见”的含义，代表着每个人认知世界的视角和价值理念。每一个自品牌，罗辑思维也好，许知远也好，都对这个社会贡献出一种独特的解读；他们带来了与当下社会多样性的相处之道，这就是他们的价值。

这个节目成为爆款，衍生的一个震荡就是，当更多自品牌开始走向强大，我们就可以分享、获取到更多的网络价值。有网友说，那是一个人用自己的人生经验和经历告诉你他的价值观是怎么形成的，他选择怎样一种活法且告诉你是如何践行的。

相比罗振宇只有买卖、没有情怀的骨感，许知远代表的是感性的、充满情怀的知识分子，他们喜欢思考内心世界、重视精神世界。许知远作为文化书店“单向街”的创始人之一，只售卖自己喜欢的书。

情怀，并不只是虚无缥缈的。自品牌建设中，人们往往关注粉丝数量的增加，但也需要意识到，每增长一个关注者都不仅仅是增加了一个数字、一条流量，而是链接了一个有感知的人。

很多“90后”在使用微信、QQ等软件交流时都很喜欢表情符，在每一条文字信息中添加不同的表情符，突出看不见的神态、语气、感情、心理活动。一条带着温度的信息传递过来时，这条信息的内容就附加了很多情感因素。

褚橙，在橙子之上附加了褚时健的情怀，从一手创造红塔山的辉煌到锒铛入狱、七旬高龄出狱后再创业，几度沉浮、壮心不已。一只原本物质化的橙子变得人格化了，从而使得褚橙被消费者快速接受，市场热度超出想象。消费者买的不仅是橙子，而且是褚橙后面“朝闻道夕死可也”的奋斗情怀和一种人生寓意，甚至是深深的祝愿，希望这只“励志”橙子一路走好。

分享经济营销专家李光斗说，互联网时代，我们要思考一个问题：产品的生产者、销售者和消费者三者合一，界限模糊了，要跨界，怎么跨？比如，这个橙子跟我有关系吗？

情怀，让橙子和消费者之间有了一种开启内心的关联。情怀也可以成为自品牌塑造的重要入口，人们可以在这里找到自己。

中国经济发展的第一波红利是“人口红利”，依靠人口众多、劳动力成本低廉带来的优势，实现了工业化的规模化发展。人口红利是按人头算的。

移动互联网时代的特点是，个体成为被聚焦的核心。可以预测，下一波经济发展的红利将是“人心红利”。每个人将内心深处的热爱、兴趣和自我追求都激发出来，内在价值潜意识被深度唤醒，这种潜意识还能感染别人，并且在精神层面引起集体共鸣，从而带来巨大的影响力和推动力。

非常典型的一个例子是电影《战狼 2》，用真诚打造的爱国主义、大国崛起的励志主题，点燃了中国人内心的集体主义情结，引发了一波又一波、持续不断的观影热潮，甚至是一个人带动身边的更多朋友，带动自己的亲属家人去共同观影，从国内市场到海外华人市场，创造了一个票房奇迹。

展示情怀、赢得共鸣。如果没有价值观、情怀、理念等因素，难以构成品牌人格化的一面，成就一个魅力型、有感染力的品牌。

人格特征的商业价值越来越凸显，人格化 IP 已经成为互联网平台上的一个现象级效应，并将成为一个品牌新的流量入口。

小结

1. 价值观与情怀：激发人内心深处的共鸣，构成品牌人格化的一面，让品牌更具黏合度。
2. 人心红利：将每个人内心深处的热爱、兴趣和自我追求都激发出来，创造发展的新红利。

从商业性出发，打造高估值品牌

着眼自品牌的商业价值，获取变现能力，赢得发展空间。

商业数据后的品牌逻辑

在个人主页的 ID 账号下，会显示你发布的产品等动态的参与人数、点赞数、付费人数、收入金额、定价等项目。这些项目和数据都体现了商业性价值。

微博等平台会为粉丝设计点赞、评论、转发、打赏等功能。很多自媒体喜欢打榜，那么，阅读量和用户数就是重要的衡量指标。这些商业性数据会带来进一步的商机。

拥有 QQ 阅读、起点中文网等业内领先的分发渠道的阅文集团就是利用这些商业性数据来制造 IP。

阅文平台上每天流动的用户能达到数千万以上，根据用户产生的大量行为数据，包括点击、留言、打赏、点赞、订阅等，形成一个包括转化率、留存、付费 ARPU 值（每用户平均收入，ARPU—Average Revenue Per User）在内的巨大数据库。基于大数据的技术分析筛选出的作品，最后评比挑中的，就有可能从平台旗下上千万部作品中脱颖而出，成为被重点打造的新 IP。

由粉丝产生的商业数据，决定了 IP 的生命周期有多长。选择之后，IP 的制造过程就进入推广和估值的阶段。

这些数据后面反映的是品牌的影响力，是对内容、粉丝、市场贡献等方面经营结果的综合评价。

秋叶是一个知名 IP，是微信公众号秋叶 PPT 的创始人，图 2-9 所示的右侧是一段关于秋叶的介绍，即便隔着电脑或手机，也能感受到这个品牌的热度。左侧是对这个品牌影响力的提炼，包括个人形象、市场推广的用户指标、变现能力、品牌的认知和内容输出物及品牌的成长性五个方面。

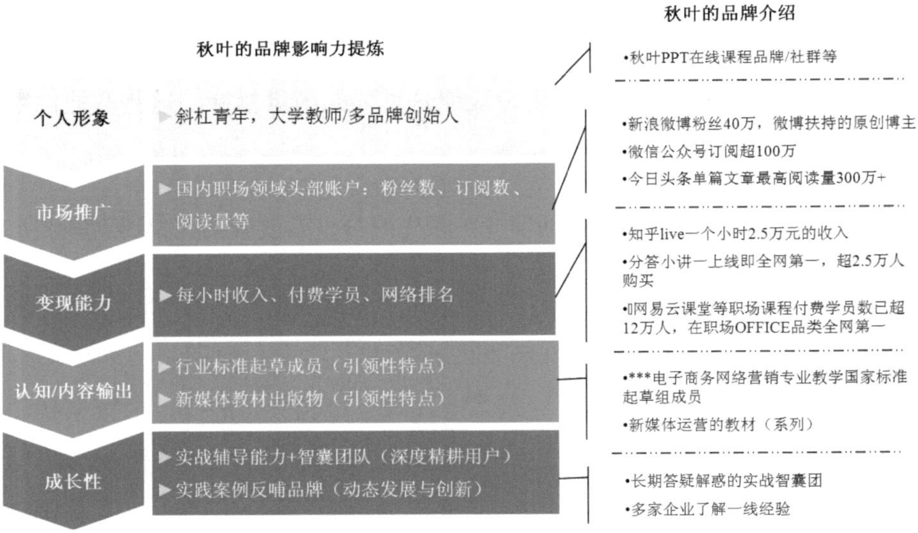

图 2-9　品牌影响力表单示例

品牌影响力不是单纯的标题党、哗众取宠，也不单纯是靠吸引流量后卖广告、挣软文费，而是内容具有价值、粉丝外部认同、获得合理的回报和资源、引领市场和持续创新的复合体。这形成了良好的商业生态。

影响力意味着创造用户的能力和拥有足够多的用户，这是从传统的创造收入到互联网时代创造用户的重要的思维模式的变革。

自品牌的影响力表单一般包括这些要素：

- 品牌输出物：品牌的内容输出、产品输出等。如内容的独特性、内容的深度（段位）等
- 用户指标：品牌用户的规模和黏性等，如流量、转化率等
- 成长空间：品牌成长潜力的预期
- 变现能力：实现商业价值的能力

如果期望自品牌的影响力描述更丰满，还可以加入“个人形象定位”等方面的内容。

小结

1. **品牌影响力：**对内容、粉丝、市场贡献等方面经营结果的综合评价。
2. **品牌影响力表单：**可以从个人形象、用户指标、变现能力、品牌输出物以及品牌的成长性等方面进行提炼和具体描述，为品牌的商业推广等做背书。

自品牌估值与商业变现

自品牌的影响力表单是品牌的一份商业背书，拥有足够好的品牌影响力，才能拥有更好的估值和实现商业变现。

Papi 酱利用变音器发布的原创短视频，因为新颖诙谐的形式、对话题和用户的精准把控，收获了众多粉丝，获得千万融资和上亿元的高估值。现在，Papi 酱又去拍电影、上综艺，跨界更多领域来释放品牌能量。

对于自品牌来讲，首先，内容力、用户指标等都是估值的关键要素，反映了品牌的市场推广情况。例如，内容垂直且深耕用户的自品牌开始越来越受投资人的青睐。

2015 年的时候，很多自媒体品牌已经开始形成。知名自媒体人吴晓波洞察到这种形势，致力打造“资本 + 自媒体”的矩阵化格局，组建了狮享家新媒体基金。在读书、餐饮、汽车、创业、女性等领域里，寻找在这些垂直领域里处于领先地位、已实现盈利的自媒体。基金在半年时间里完成了对十点读书、餐饮老板内参、酒业家、B 座 12 楼、12 缸汽车等 9 个微信公众号的投资。

同时，吴晓波组织了一个狮享家班委会，计划在广告分发、培训和视频方面重点做投后服务，让各个自媒体能获得更长远的发展。而大咖的助力也为自媒体带来品牌溢价效应。

其次，品牌的成长性也是估值的关键要素。

“1898 咖啡馆”的董事长杨勇提出一个“人才众筹”的概念——“人才 IPO”，就是将个人视为一家成长性企业（自品牌），拿出其一部分未来虚拟收入来进行估值，进行众筹。比如说，现在我给自己估值 5 个亿，我拿出 20% 众筹，可拿到 1 个亿的资金。然后为他们提供全方位的资源支持和成长计划。

很多具有个人特质和专长的人，都可以成为“人才 IPO”的众筹评估对象。例如，你特别会吃饭，他们认为这是可以估值的专长，因为你去美食杂志肯定会有特别的竞争力。虽说民以食为天，但每个人的吃饭能力却大不相同，比如日本的吃饭女神木下，大肚婆且有超强的消化系统，很多粉丝看她抱着巨盆直播吃饭。

另外，还有两个关键的要素会影响对自品牌的估值：

一个是“信用评价”对估值的影响。随着信息越来越透明，个人信用表现越来越成为评估自品牌的参考依据，反映了一个品牌的持续发展。良好的信用积累会成为自品牌的正资产，反之则会降低自品牌的商业价值。

另一个是自我评估（信心）对估值的影响。例如，通常投资机构进行估值的时候，也会参考你自己的信心。比如一个小小的洗衣软件，估值可以达到 10 亿，而一个社区生鲜产品，却只有 500 万，你自己先定好一个价值上升空间，评估机构会参考你的估值。

自我评估的信心来源于对自己影响力的充分了解和实施预测。

例如，现在很多企业开始实行自组织模式，员工自我管理、建立自品牌，组织也不再按照固定的岗位层级来给每个人定薪酬水平，而是由员工自己来评估和提议。这也是一种自我估值，你认为自己的专长处于什么等级，这个能力是处于上升期还是下降期，用户有多少，能为公司（投资人角色）带来多大的价值回报，而后自己提收入标准。

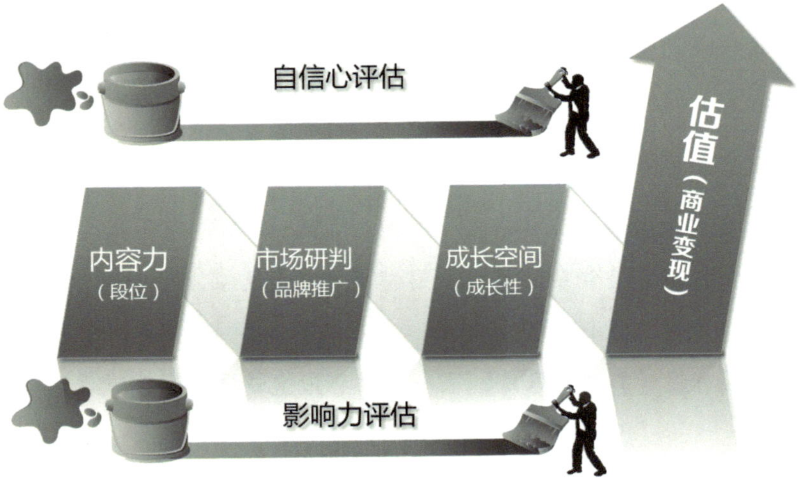

图 2–10　自品牌估值的参考要素

估值思维是自品牌发展过程的重要思维，它不是利润。如同亚马逊、京东等很多互联网平台，不一定实现盈利，但市场估值很高，也能获得资本市场的青睐。用户数量达到一定程度后，品牌就会产生质变，产生各种新的商机。

估值往往没有一个绝对确定的体系和规则用于评估，估值法则通常是基于一些估值要素进行估计和推测，先定性、后定量，并不是精准的科学计算。

提高对品牌的商业性认知，找到品牌商业价值的评判依据，才能为品牌发展赢得更多商机。

所以，从商业的角度看，打造自身的影响力和高估值，是每个自品牌的目标，也为自品牌带来变现、融资、跨界发展（例如，很多成功的自媒体在广告、视频、培训、电商等多种领域跨界）等多种商业可能性。

小结

1. **品牌影响力：** 拥有一定的品牌影响力，才能具有商业变现和估值的空间。
2. **影响估值的关键要素：** 内容力、用户与市场研判、成长性、信用评价、自信心等。

附件　自我练习：管理自己的形象

“个人 ID 要素评估表”相当于一个“看板”。看板上是影响自品牌形象建设的四个要素和具体的评估维度。对照这些要素一一进行自我评估，有助于了解自品牌的整体构建状态。表格的评估要素还可以结合自身特色，进行补充和细化。

通过看板管理，能形象地、结构化地描绘出个人品牌形象，分析优势与薄弱之处，制订品牌发展策略和计划，推进品牌建设。

■ 个人 ID 形象评估

- **ID 要素 / 评估维度：** 包括自我形象、认知、社交、商业等要素，每个要素由不同的评估维度构成。

个人ID要素		评估维度	评估描述	评价
自我形象	1	基本属性		
	2	品牌名		★★★★★
	3	外部形象		
	4	成长经历萃取		
认知	5	认知框架		
	6	认知理念/内容		
	7	目标/用户		
	8	认知模式		★★★★☆
社交	9	人际结构		
	10	价值观		
	11	情怀		
	12	个人独特资源		
商业	13	影响力		★★☆☆☆
	14	信用		
	15	自信心		

优秀	★★★★★
挺好的	★★★★☆
比较满意	★★★☆☆
不太如意	★★☆☆☆
差评吧	★☆☆☆☆

图 2–11　个人 ID 要素评估表

- **评估描述：**通过定期或不定期的自评，察看品牌建设的情况，记录关键的衡量指标和数据（如粉丝数量），分析评估原因。
- **评价：**可以在五个等级（从优秀到差评）内进行自我评价。可选择一些对标对象进行同步分析，了解别人的品牌建设与管理情况。

Ps：对标对象，可选择同类型的个人品牌，观察其品牌状态的变化和举措。标杆分析可选择某些要素进行针对性的对标分析。例如，标杆的粉丝数字突然发生很大变化，察看引起这个现象的原因，发现是进行了粉丝回馈、增值服务等互动活动，或是某个主题的文章吸睛引起转发效应，或内容推送频繁等。标杆分析也可以按整张表格的要素进行整体性对标。

■ 评估人

- **自我评估：**自品牌的经营过程需要很多的投入。所以让自己像旁观者一样保持清醒，不断地对品牌发展做自察、自省与对标，有利于制订更清晰的品牌发展计划，引导品牌的成长。

- 360 度评估：邀请亲朋好友、用户、同事等周边关系，360 度地对自品牌给予评价和反馈。他人即镜子，了解自品牌在其他人心目中的形象，帮助自己进行品牌定位与发展。

第三章　创建多重身份

塑造个性化、多元化和有价值、有当量的身份，让自己有更多生存、发展和提升幸福感的机会。

身份的规划
从灰度到个性

跳出自己的灰色地带，明确身份规划的方向和路径。

多重身份是一种微创业

从“专一职业”“单一身份”向“多重职业和身份”转型，已经成为时代的一个热点现象。

我们都处于这样一个充满灰度的周期里，不再是非黑即白、非此即彼，而是有多种身份标签可以亮剑、加持于一人之身。那么，**如何裂变出有价值的身份呢？**

我们都处于这样一个更包容的灰度空间里，多重身份让一个人的身份碎片化了，很多潜能被释放、被激活，每一种身份的开拓都是一种微创业，每一个身份碎片里都是“小确幸”。那么，**如何探索出自我创业的路径呢？**

我们都处于新的灰度管理的法则中，追求极致、多元化、跨界……它们支起了新的职业视野和理念。那么，**如何理解这些法则背后的含义呢？**

《西游记》里齐天大圣孙悟空有一个让自己强大的神技，拔一根汗毛，念一道咒语，于是，一个变成多个，千万个小“孙悟空”诞生出来。每一个都能战能打，一个灭了，其他的也仍然能战斗，不愧为“斗战胜佛”。

互联网时代，人人创新、万众创业，每个人都迎来自我角色的变革之旅，每个人都有不同的想象空间。

思维导图：多重身份的构建

下面将从复利型人才、复合型人才和斜杠身份三个维度，探讨自我身份的发展规划，构建出有价值的多重身份（见图 3–1）。

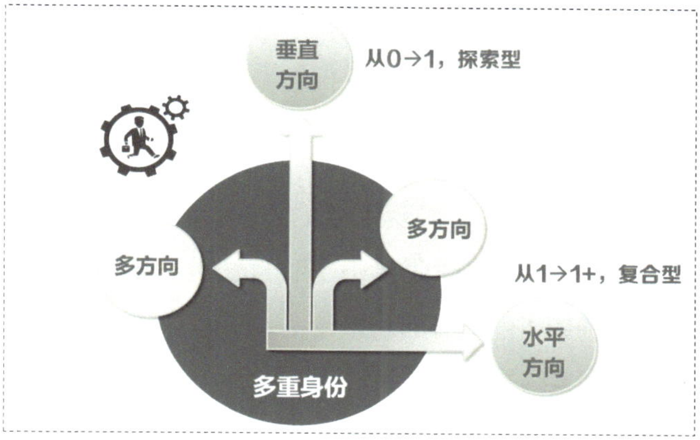

图 3–1　身份规划的三个方向

在这三个维度上出现的身份革新，是引领个人职业发展的现象级变化，它意味着多角度的自品牌塑造的时代已经来临。

1. 复利型人才，在垂直方向上探索自己的深度。

追求某些专长在某个领域里达到极致，实现对自我的深度塑造，凸显身份的个性化。

复利型人才，具有更高的自我效能感。能找到属于自己的职业情境，使个人特质、人生经历（行为轨迹）、职业成就、理想/目标等多维度要素具有一致性，让自品牌的“定位”更清晰、便于深度垂直。

2. 复合型人才，在水平方向上探索自己的宽度。

追求思维格局、能力素质的迁移和跨界发展，凸显身份的多元化。

不同于复利型人才因侧重于在某个局部领域做到精深后的脱颖而出，多元化的复合型人才，因跨界两种以上的不同领域，而拥有与世界广泛互联的能力和发展空间。

3. 在多方向上探索职业和生活的自由化。

从兴趣、爱好和自我需要出发，寻找自己的燃点和更多新身份，凸显身份的碎片化。

于是，出现了“斜杠”这种现象级的身份标签。从以前的追求“财务自由”到追求“身份自由”，摆脱单一职业的限制，开启多重身份，开放自己，已经是很多职场新人的奋斗目标。

相比于整齐划一、削足适履被塑形的“组织人”，这种多方向的“散点式”“碎片式”的斜杠身份，能回归到自我本身的状态，成为一个更完整的“生态人”，自己定义自己的工作和生活。

各维度的构建要素，如图 3-2 所示的思维导图。

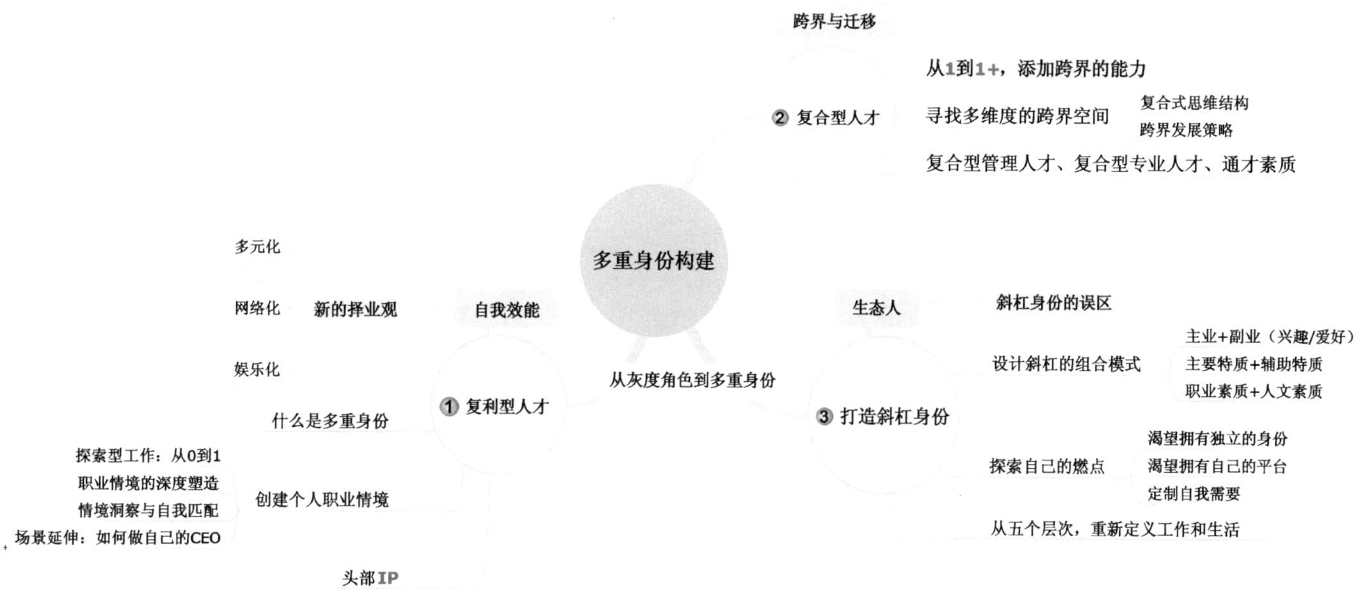

图 3-2　思维导图：多重身份的构建

复利型人才

找到属于自己的职业情境，如何定义你的角色，决定了你的优秀程度、人生深度，而不仅仅是一份职业。

“90后”的职业新选项

快到毕业季了，我和“90后”大学生小C讨论他即将开始的工作选择。我说，有A、B两个选项：

A. 一家发展成熟、规模相当、管理有序的大企业，在一个部门里谋一个岗位，然后进入整个组织流程的循环中。

A的工作情境：（有几个要点，拿小条记下来）岗位说明书里规定的权限是什么，不要随便越权。领导的风格喜好要尽快摸熟，留下“孺子可带”的好印象。工作计划和工作日志不能遗忘，按时提交，且不说质量如何，至少是一个态度问题。绩效考核表里的指标要优先完成，因为这直接关乎收入。

B. 一个刚创业的互联网公司，员工平均年龄不超过30岁

（超龄的请自动进入老司机序列），每天没有完全确定的工作安排，也没有很大的办公室，就在纳什空间这样的共享办公场地里工作。

B 的工作情境：（自行想象）各个专业或特长的人经常聚在一起讨论公司的新产品，说自己的 idea（想法）。某个“大牛”的产品创意，可能就是在咖啡馆里凌晨时分头脑风暴的结果，第二天就迅速启动市场调研。不仅是产品，整个公司都是研发进行时。产品发布会上，创始人的演讲还时不时紧张地走调……大家都在新角色里设计剧情，把戏码做足，期待一波波的市场高潮。

小 C 说，我选择 B。在他看来，选择 A，会增长某类专业经验和适应规则。选择 B，是在增长视野和适应不确定性。

小 C 选择的工作情境让他对未来充满憧憬。A 选择虽然也是一个不错的答案，但不能给小 C 带来这种动力感。

小 C 的职业选项触动了我。

因为职业的原因，我经常接触那些在一线城市打拼的白领。曾经很长一段时间里，这些白领的职业生涯规划里有一些关键选项，例如——

区域：“去北上广深做江湖漂……”

行业：“高大上的金融业，我是去还是不去呢……”

企业：“我想跳槽到行业排名前几名的企业，又或者从内资公司再跳到外资公司……"

岗位头衔："我想在5年内成为部门经理，我想和某大佬坐在一张桌子上开会……"

从什么时候起，世界变得这么有格局了？我们像被统一训练过的棋手一样，选择变成了"逻辑性思维"，可推导、可预测，有看不见的规则像百度推广一样不断为你推送排序优先的答案左右你的视线。我们像被定好了时间的闹钟一样，到了那个节点，就得去爬下一个格子，成为格子里的人。

小时候有一种游戏是"跳方格"，游戏规则就是先在地上画好格子，然后在里面跳，出界就是出局了。在格子里跳的时间最长的是最好的，好选手就是这样产生的。

这些线条僵硬的格子，束缚了我们的想象力，使得我们不能像水一样自由流淌，随心而动。

2016年，腾讯根据QQ浏览器针对"95后"的网络浏览及主动搜索行为数据，以及对"95后"高校在校生的问卷与走访调研，对"95后"的择业取向做了报告分析。

报告称，作为职场新人类，"95后"一反常态，有近五成（48%）的人没有遵循传统的求职道路，而是选择不就业，深造、创业、上直播当网红、回家结婚生子……毕业去向呈现"多元化、网络化、娱乐化"。

在"不就业"的群体中，超过8%的人渴望新兴职业。配音、化妆、Coser，甚至打游戏，都能成为养家糊口的本钱，如图3–3所示。

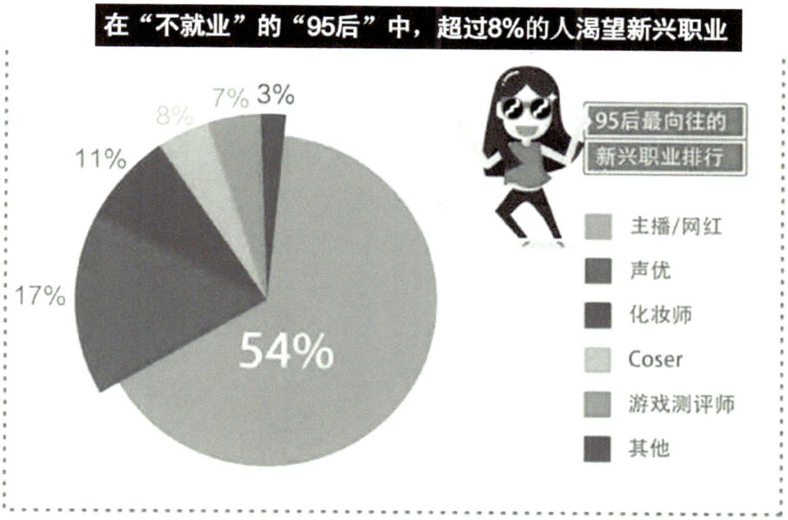

图 3-3 “95 后”就业观示意（多元化、网络化、娱乐化）

在这个群体中，超过 4% 的“95 后”希望毕业后先有一个“间隔年”，不仅仅是走走看世界，还包括参与社会公益活动等更多选择。

在“95 后”的就业观里，还有对创业的渴求。有些“95 后”选择回农村创业，做农业养殖，成为现代新农人。

工业时代追求规模化生产，人在企业设计好的组织结构里，像被装在一个个固定的格子里，削足适履地使用自己的智力和规范自己的兴趣。互联网知识经济时代，人类越来越多地通过网络展开协作，开始摆脱这种工业组织模式的限制和束缚，带着自己的“技能”行囊去“旅行”，找到适合自己的工作情境，如图 3-4 所示。而传统的雇佣制也慢慢转变成甲乙双方你情我愿的合作式，人的天性按照自己的意愿得到释放。

2007 年，《纽约时报》专栏作家 Marci Alboher 写了一本书——《One Person/Multiple Careers: A New Model for Work Life Success》，她说“多重职业”成为全球新趋势。

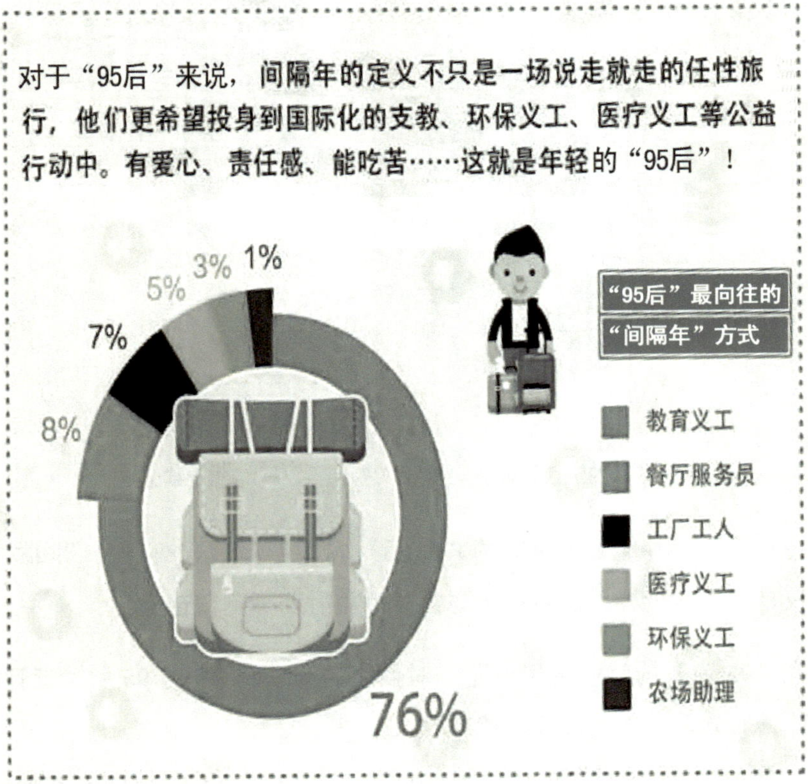

图 3-4 “95 后”就业观示意图（“间隔年”方式）

越来越多的年轻人不再满足于“专一职业”这种无聊的生活方式，开始选择“多重职业和身份”的多元化生活。这些人在自我介绍中会用斜杠来区分不同职业，例如，律师 / 演员 / 制片人，于是，“斜杠（Slash）”便成为他们的代名词。

利用互联网技术的滴滴专车网络产生后，载客不再是出租车司机的专属。私家车也有机会成为专车，私家车主就拥有了“专车司机”的斜杠身份。上班时他是一个朝九晚五的上班族，在每天上班的路上他变成了一个专车司机，并通过这个身份获得工作之外的一份收入。

自由职业者平台“自客”的 CEO 文双说，未来中国 1/3 的人都会成为多重职业者，每个人都具有多重身份。

当下，多重身份已经成为一个热点现象，很多人都开始走在这种身份转型的路上。如何从单一身份成功向多重身份转型呢？

首先，要给自己准备好靠谱的选项——个人职业情境。

小结

1. 新择业观：呈现“多元化、网络化、娱乐化”的新方向。
2. 新身份选项：从“专一职业”“单一身份”向“多重职业和身份”转型。
3. 职业情境：新就业观和新身份的核心，是拥有与自我和谐的职业情境。

创建个人职业情境

有人说，我害怕一份工作做了一辈子，却根本没有在这个领域好好钻研的欲望……

出生在互联网时代里的“95后”，不再按照别人设定好的格子来跳舞。选项不是设定好的A、B、C、D……斜杠身份，每个斜杠的后面，通常都是根据自己的特质而书写的，代表一个人对自己的生活选项——自主、符合自己的趣味，千人千面多元化，同时又能有独立收入。

如同小C的选择，是基于“我的工作情境是怎样的”。“情境”是从自己的特质出发，考虑自己与环境之间的融合性。“工作情境”的重要性甚至开始匹敌传统的职业吸引力的标准评估选项。比如，薪资福利等经济回报要素，职业升迁等发展要素。

涨薪带来的兴奋感一般不会超过3个月，任何物质激励的作用都是边际效率递减的。而升迁之路对多数人来说都有天花板，只有少数人能达到顶端。这些激励作用的持续性很受限。

人不同于机器，人的兴趣、情感、情绪等都需要和环境互动才能被激发出来，如果情境不合适，这个人就如同南橘北枳，总是在纠结中成长，消耗自己的能量。

有一次，我在中央财经大学和MBA班级做职业交流活动，有一个男同学和大家分享了自己面临的困惑。他收到了两家公司的Offer（入职通知书），一个是国际知名会计师事务所普华永道（PWC），另一个是一家大企业的市场营销部。他个人的专业靠近PWC的职业方向，但他是一个性格内向的人，希望能改变自己的性格，所以市场营销这份工作也很吸引他。他认为可以借这个工作机会让自己发生变化。

是选择PWC做财务咨询顾问，还是去做市场营销人员？

选择营销还是财务——这是两个很对立的命题。选择了一个路径，意味着可能从此失去另一个路径。这两个方向差不多是平行线，缺少交集。

但对他来说，两种选择的初衷都有自己的合理性。这种纠结很多人都有过，很有代表性。

如何解决呢？可以先模拟一下情境。比如，我们来看一个营销人的职场生活，再设计几个问题，问自己是否愿意选择这种生活。看看一种路径要投入什么，才能知道自己是否喜欢和真爱。

管理咨询总监——“僵尸射手”的销售笔记

很多人对销售的联想就是“推销”，感觉这是一个总要粘在别人后面很辛苦的职业。其实，在销售的过程中，有不同于其他职业的乐趣在其中，就是接触不同的客户，品读不同人的特性。

我最近接触的农产品企业老板“大米”就很有特点。

××××年1月，第一次见客户：完整考察

“大米”带领公司整个领导班子成员，参照咨询公司排序选出众多考察对象，一干人马马不停蹄地去各家考察。

行程安排到我们公司时，短暂接触后，他听说我们是老乡，接下来在沟通的任何关键环节，都会像即时贴一样贴上这个标签。谈到价格，“大米”会说，咱是实在老乡，你就说，得多少钱？你再把水分挤挤……

“大米”盘问了参加面谈的每个顾问的年龄、工作和学习经历，分明是带着“小心上当”的态度来盘查，蹚过哪几条河，越过哪几道沟，每段经历都要问问当时是什么情况，你做了什么，达到了什么效果。他像专业面试官一样遵循STAR原则，从情境、任务、想法行动和结果……进行完整的考察。

××××年2月，第二次见客户：对赌

几周后“大米”重点来考察上轮筛选出来的咨询公司。

为表示对客户的尊重，我特意邀请了资深合伙人Z-Z参加面谈。“大米”说：“我们有品牌，有资金，但缺乏人才来运作，我们想把公司交给你们来托管，采用管理外包的合作模式？”

这次面谈后，双方都有全面合作的意向。我和Z-Z组团不同专业领域的顾问，到“大米”公司去实地考察，落实全面管理合作的内容。

××××年8月，第N次见客户：转折……拉锯战

考察了咨询公司，考察了一个又一个顾问团队，考察了项目方案，参加了公司举办的各种研讨会——下次还会带着问题来和你讨论。

销售老司机Z-Z说，这种客户是需要“泡”的。没事，就开聊。不断找你培育思想，不计成本——是指你的成本和付出。

××××年10月，和客户电话会议：笑炸天际的时刻

最终，经过多轮考察，客户说，我们选定了你们，但是价格不能承受，要求减少项目顾问。最后减到一个人，先与客户磨合一下。

然后，客户又说，还是价格难以承受。我十分好奇地问：“那结论呢？”客户停顿了半天，回复说：“不付首付款，你们先工作，然后我们再付款。”

这个意思翻译过来就是，我们对你们很满意，考察了一大圈，什么都不差了，最后，就差……钱。

××××年12月，销售复盘，提炼客户画像

做人性化营销培训的讲师李力刚，总结了这样一种人的特性——刘备型，总是和你谈大业务，做小事情，这个人是销售杀手。

@人物形象定位：感性多变

@核心兴趣：关系情感

@魄力胆量：胆小多虑，无魄力

@沟通风格：委婉，易波动

@砍价兴趣：没完没了，且难做大决策。所以，坚守价格，打消他砍价的兴趣。

@交往节奏：慢入快出。喜欢左顾右盼，优柔寡断。交往时要慢入，成交时要快出，快刀斩乱麻。

从这个销售笔记中可以看到，“僵尸射手”的工作环境充满不确定性，面对不确定的人、不确定的需求和不确定的结果，努力争取业绩。

不确定是常态，“僵尸射手”要想 hold 住，不仅仅要学习、熟悉客户的行业知识、企业管理知识、自身的咨询产品知识，还有人文和心理学等知识，锻炼沟通、访谈、会谈等各种销售技能，并从营销知识的储备和销售技能的锻炼，最终上升到人性层面的理解、洞察能力，获得高层次营销的情境技能，以达到精准营销的目标，这就是营销之路的职业进阶。

做营销不仅仅是在人际交往和沟通中，变成能说话和更外向，即不仅仅是性格的适配，还有某种心智模式的选型。那么，你愿意向这样的路径深处走去吗？

那么，财务工作的情境是什么呢？看一个财务经理岗位的概要描述：

为实现公司的战略目标和经营计划提供有力的财务保障，依据国家有关财务法律法规和公司财务制度，在财务总监的指导下，组织公司的会计核算、成本管理、财务分析、资金管理及税务筹划等方面的工作。

财务经理及财务部门的领军人物——财务总监（CFO）要成为公司的“信息员”，为公司战略的制定提供财务数据上的依据；对战略规划的实施进行可行性分析——公司的资金实力如何，融资能力怎样，融资策略怎么做。

而财务的核算、分析、管理和筹划等一系列活动，都是以“数字”为中心展开的。

销售的职业画像，是以“人性因素”为核心，实现针对人性的精准营销。

财务的职业画像，是以“数字因素”为核心，能够在数字中洞察经营变化和帮助决策。

营销和财务这两个职业激发人的燃点是不同的。

财务顾问、审计顾问是结果导向，出具审计报告和结论，客观中立，讲求原则和制度，遵循财务法律法规，属于程序控制型。

营销人员是过程导向，注重关系建立，慢慢形成客户影响力。

所以，选择哪一种职业，应该更深一层地去做职业画像，了解职业情境，然后和自己进行匹配，评估自己更能融入（或疏离）哪一种情境。

可以向自己提问：我更喜欢关注事（的结果）还是人（的感受）？我做事更偏向计划性还是灵活性？

注重前者的人，更适合选择财务工作。注重后者的人，更适合选择营销工作。

如果你选择了一种职业，但找不到自己的燃点，则很难走到职业的纵深地带，让自己的人生充满激情。

假如你从事销售工作，你是否愿意经常给客户打电话？拿起电话的时候，是自然地实施这个举动，还是要不断地说服自己去做这件事情？经常挫败后是否开始抑制这种行为？

也许你通过理智的自律做到了这些，并且取得了效果，但是违背了自己的内心和性格，长期靠外力控制的工作模式会降低你的效率，耗损你的精力。

我曾经和一个企业的营销副总访谈，其间他需要接听一些客户的电话。在接通客户电话后，他就像入定了一样，完全进入与客户互动的状态里，让人感觉到他沟通的诚意。为了能够和客户经常见面，他甚至把自己的家搬到客户较多的小区里，创造“抬头不见低头见”的机会。他说，营销对他来讲不是工作，而是生活，已经进入他的血液里。

未来，当自由职业成为一种选择、一种生活时，工作将不再主要依据公司的流程、职责、制度和目标，而是投入情感、兴趣和好奇，才能不断地去探索。

探索型工作会越来越多，越来越发挥更重要的价值。它需要人对工作情境有深刻的理解，能发现问题并解决问题，并能根据自己的目标、行为方式进行创新或改造。

探索型工作是“从 0 到 1 的工作”，需要更好的创意、更大的创新。

相对而言，推算型工作是“从 1 到 N”的工作，更强调工作的标准化，根据一系列现成的指令按照某种途径达到某种结果，如商店收银台、电子配件组装等，工作过程可复制。

从 0 到 1 需要灰度空间，从 1 到 N 需要更好的管理，如图 3–5 所示。

图 3–5　职业情境：探索型工作与推算型工作

如何定义你的角色，决定了你的优秀程度、人生深度，而不仅仅是一份职业。

越来越多的年轻人追求个性化的生活，喜欢对自己的生活“有感”，“不假装在生活”，这意味着他们对生活和职业情境具有穿透性的理解。

所以，我们喜欢的不是职业，而是职业带给我们的情境蕴涵了自己的情感，也能与别人“共情”。

角色后面的灰度空间是职业和人生场景的搭建，是个人特质、人生经历（行为轨迹）、职业成就、理想 / 目标等多维度要素的一致性，从而实现对自我的深度塑造。

星巴克是全球著名的咖啡连锁店，创始人霍华德·舒尔茨小的时候，父亲因工作受伤而失去工作及医疗福利保障。当时还没有工伤赔偿，整个家庭陷入困顿。

这件事情促使舒尔茨梦想建立一家善待所有员工、为他们提供医疗福利保障的公司。

大学毕业后，舒尔茨曾加入施乐公司，但很快就感觉施乐公司的环境僵化，渴望找到一个能做回自己的地方。虽然当时他并不知道自己会做成什么，但他的选择是，不能用不适合的情境来主宰自己的生活。

舒尔茨随后开始销售咖啡过滤器，在这个过程中，他注意到了咖啡店在人们日常生活中的独特角色。随后他创办了自己的咖啡店。他对这个公司的定义是，能让和父亲一样的员工的待遇得到保障，并在这里获得工作满足感和尊严。这时，舒尔茨的父亲已经去世了。创办一家父亲当年没能遇到的好公司，这些信念变成了星巴克的企业文化和价值观。

1991 年，星巴克开始实施“咖啡豆股票”，这是面向全体员工的股票期权方案，让员工成为合伙人。

一脉相承，对顾客的经营也是“围绕人性”进行的。于是，咖啡被定义为与顾客沟通的催化剂，除了向顾客提供最优质的咖啡和服务，还营造独特的“星巴克体验”，让全球各地的星巴克店成为人们除了工作场所和生活居所之外温馨舒适的“第三生活空间”。

因为这一新型理念，星巴克连续多年被美国《财富》杂志评为“最受尊敬的企业”。

这些行为从根本上提高了星巴克的品牌价值。员工和顾客成为公司的重要资产。

舒尔茨的经历带给人巨大的启示，他一直有意识地利用自己的个人经

历构建理想中的星巴克。星巴克是实现他内心希望追寻的人生场景的载体。

你选定的工作情境将成为你的经历，把完成一项朝九晚五的工作变成搭建自己的人生场景。

洞察情境、理解情境的技能就是搭建这个场景的关键。它决定一个人“能不能找到自己的场景，证明自己的生活价值，以及最后爱上这一场景”。这是《场景革命》里的一句话，它说出了我们正在经历的职业选择或转型的方向。

■ 洞察情境与自我匹配

知识和专业技能，往往都是没有“情境化”的。“情境”，是指构成和蕴含在情景中的那些相互交织的因素及其相互之间的关系。我们做职业选择时，需要考虑所需置身的关键情境和主要的情境因素，然后将自己与情境匹配。例如：

- 在那个环境下的典型情境是什么？
- 所需的行为方式和情境技能是什么？
- 我的内心与工作的模式是互斥的还是融合的？
- 我是否愿意持续开发创新这个情境？

■ 场景延伸

现在很多企业也在顺应个人的发展而采取更灵活的组织架构。比如，没有固定的岗位和描述好的岗位职责，而是组织根据需要，在平台上以项目制、任务式的方式，招募、选择最匹配的人来完成。**我们的角色从雇佣者向合作者转变，我们的能力与任务情境匹配得越好，就越有竞争优势。**

延伸出来的能力：决策管理、目标设定与灰度空间、时间管理、自我

评估等能力。

延伸出来的思考格局和个人发展方向：如何做自己的 CEO（首席执行官）？

决策意识是一个人独立自我的重要能力。向往深度自我、个性化发展，那么就意味着要自己决策。

在“僵尸射手”的案例中，老板“大米”是一个不会做决策的人，他亲力亲为参与了很多工作情境，却最终输于不能决策。

罗振宇说，有的企业老板认知能力不行，好多事都不懂，但拍板能力特别强，生意照样也能做得不错；很多人认知水平很高，但却过不好，就是因为跨不过“灰度认知，黑白决策”这条沟。

同样，在创客、自组织的管理趋势下，每个人的角色都要从执行者向决策者转变，寻找能胜任的情境让自己更有决策力，如图 3-6 所示。

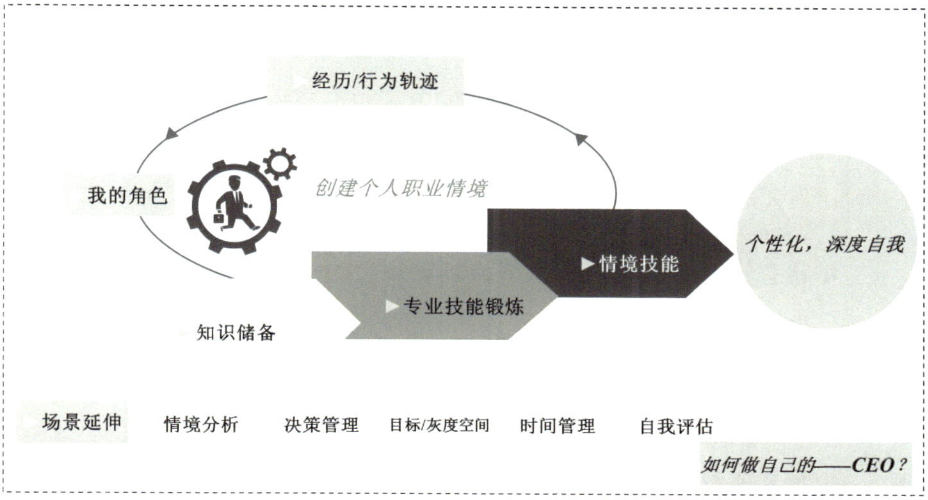

图 3-6　创建个人职业情境

小结

1. **职业情境与职业画像：**选择哪一种职业，应该去做职业画像，深度了解职业情境，并进行自我匹配与评估。
2. **深度塑造自我：**职业情境，是个人特质、人生经历（行为轨迹）、职业成就、理想/目标等方面的一致性，是与自我追求及个性的高度和谐。
3. **改变雇佣者角色，做自己的CEO：**延展决策管理、目标设定、时间管理、自我评估等能力。

做自己的首席官

如果一个人长期在职业情境里处于不和谐的状态，总是与自己扮演的角色呈现“两层皮”，就会丧失自己的方向感和对自己的关注度，也会因为经常活在别人的漠视中产生焦虑和“习得性无助”的心理。

这种状态让一个人在遇到挑战或创新需要时，总是产生消极的心理暗示——“我做不了”“我肯定不行”……这种消极判断也不利于事情的进展。

我曾遇到过一个这样的管理者，他个人能力很强，是公司的资深元老。但是，他管理的部门一直绩效不佳，因而很焦虑。他经常召开部门会议来提点大家，讲自己如何成功的法门，滔滔不绝地训斥每个员工。我只能用“怒其不争”来形容这个管理者彼时对待员工的状态。

然而，部门员工的绩效并没有因此而改善。我和每个员工单独做访谈时，他们没有了会议上雷霆万钧中的畏缩，只是一脸迷茫——不做也不行，做也不敢做，敢做也不会做。我用“动辄得咎”来形容这些员工当下的状态。

双方在这种持续的胶着中产生了“习得性无助”的部门亚文化。这个管理者没有意识到自己“家长式”的训导和“自我中心式”的优越感，一直在打压每个员工的心理。对管理者的高山仰止让员工看不到自己的长处，不敢认可自己的优势，他们相对年轻又缺少深厚的经验实证，对自己的行为总是将信将疑。

这些员工要提高绩效，最需要的不是以这个管理者为标杆。一代人有一代人的认知，成功的阶段不一样，路径往往也不可复制。他们首先需要面对自己的工作情境，体验自己在其中的表现，发展自我认知。

我建议他们一步步提升自己，采用“暴露法”，先挑选自己感兴趣的任务去策划自己的想法，然后再换一些任务去尝试。每个任务都有结束的节点、目标，这样更易于评估自己的贡献，逐渐发现自己的优势，攒自信、攒自知、攒认可和积赞。在一个连续的混沌不清的状态里，我们往往很难评估自己，有时需要抽离自我，创造一些情境，像旁观者一样观察自己。

你的认知如果总在上级或团队的情绪中被淹没和不被觉察，积累久了就会产生深深的不完整感和无力感。

所以，要像 CEO 一样，做自己的首席官，锻炼情境驾驭能力。可以利用“STAR 情境分析法”，让自己完整地置身于一个个小情境中，找到自己和提升自己。

“STAR 情境分析法”是对一个人在情境中的行为分析，包括“背景、目的、行为、结果”四个要素。

- Situation：情境。了解事情发生的背景。
- Target：目标。了解要达到的目标、所需完成的任务。
- Action：行动。针对上述情境所采取的行动。
- Results：结果。采取行动产生的结果或者通过经历产生的体会。

这些要素的具体描述，如图 3-7 所示。

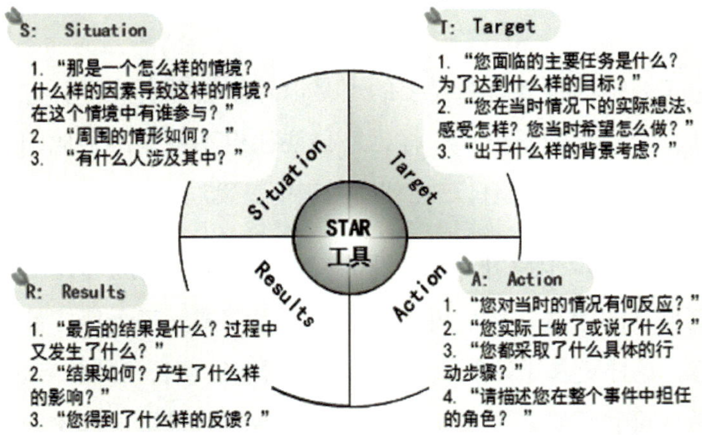

图 3-7 STAR 情境分析法

在分析的过程中，还原自己在某些经历中承担的角色，评估自己隐现的特质，描绘自我超越的方面。

现在流行的 OKR 管理（Objectives & Key Results，目标与关键成果），就是“自下而上”的激励变革，员工可以自己设计挑战性的目标，进行自我驱动。

公司基于员工给公司带来的贡献、价值进行评估，而不是基于事先预设的指标完成度进行评估。有的公司甚至允许员工拿出 10% ~ 20% 的工作时间，去做和工作无关的事，不受岗位固定角色的约束，做自己感兴趣的创新。

做回自己，才是对自己最好的激励。

小结

1. 习得性无助：一个人如果总是与自己扮演的角色呈现“两层皮”，就会产生无力感，不能更好地关注自己，形成积极的心理建设。
2. 运用“STAR 情境分析法”：锻炼情境驾驭能力，观察自己承担的角色，评估自己的特质，描绘自我超越的方面。

成为头部 IP

创建个人职业场景，从 0 到 1 激发自己探索的欲望。这意味着，一个人的认知方向与输出的成果是一致的，内外一致，自我效能感也会随之提高。

自我效能，即对自己可以完成某项工作或任务的自信程度。

在某一个细分领域，只要有一项能力比多数人强，就会大有发展。一个人的专业技能达到了极致，就是一种“头部 IP”，会带来品牌化的效应。

互联网打破了按照工业组织格局进行的规模化工作分工，一个人的专业特长往往也可以成为一个商业模式，所以，首先选择对的职业情境是非常重要的。

选对职业情境的关键不在于选最有前景的职业、最热门的职业，而在于选择最适合自己的职业。适合自己的职业并非是与自己的专业对口的职业，也不是与自己以前的经验相关的职业，而是适合自己的性格，并能充分发挥自己优势的职业。然后，通过时间的积累，形成一种“复利效应”。

爱因斯坦说，“复利”是世界第八大奇迹。复利是指在每经过一个计息期后，都要将所生利息加入本金，以计算下期的利息。这样，在每一个计息期，上一个计息期的利息都将成为生息的本金，即以利生利，也就是俗称的“利滚利”。

以理财为例，你现在往银行存入 100 元，假设年利率是 10%，那么一年后无论你是用单利还是复利计算利息，本息合计是一样的，全是 110 元。但到第二年差别就出来了，如果用单利计算利息，第二年的本息合计就是 120 元；可复利就不一样了，第二年的本息合计成了 121 元，已比单利计算多了 1 元，如果本金或利率再大一点，年限再长一些，差距之大可想而知（复利 = 本金 × 〔1 + 利率〕）。

所以，复利的需要在时间的隧道中发挥作用，具有越早越好的时间效应。如果行动过晚，时间很短，那么复利的作用不会太明显。如果有了目标，而没有了时间，复利一样无法发挥作用。

人生刚起步的时候，思考“复利型”的职业规划，是成长之路最直接、最有效的方法。即使你的起点很低，只要你有清晰的人生计划和专注力，复利会使你走向真正的成功，拥有复利型的人生。

IP 现象，即在某些领域里达到极致后带来流量、品牌与变现能力，极大地占有了人们的心智模式。知识型 IP、技能型 IP 以及人格化 IP 等，都是这种现象级的爆发，开拓了新的商业模式，实现“内容创业”。

小结

1. **自我效能感：** 认知方向与输出成果一致，完成工作或任务的自信程度会提升，自我效能感也随之提高。
2. **复利效应：** 在适合自己的性格与优势的职业情境里，通过时间的积累，达到专业的极致，成为头部 IP，并进一步实现“内容创业”。

复合型人才

找到个人的跨界发展策略，探索自己的宽度，成为具有多元复合能力的人才。

从 0 到 1，从 1 到 1+

在上一节中，从“推算型工作”到“探索型工作”的变化，是从标准化、流程化向创造性的变化。

探索型工作是“从0到1的工作”，需要更好的创意、更大的创新，不循规蹈矩、按部就班。

推算型工作是“从1到N”的工作，是根据一系列现成的指令按照某种途径达到某种结果，工作过程可复制，强调工作的标准化。

从1到N需要更好地管理，而从0到1需要灰度空间。IP现象呈现出很多这样的个性化的探索，把个人的能力空间发挥到极致后脱颖而出。

不同于这种以专业的精深为目标的复利型的发展策略，复合型人才以跨界和多元化为目标，实现从1到1+的发展策略。“1”是复合型人才的主要特质或身份，在这个基础上，不断添加跨界的能力，变成“1+”，从而拥有宽阔的发展空间和机遇，如图3–8所示。

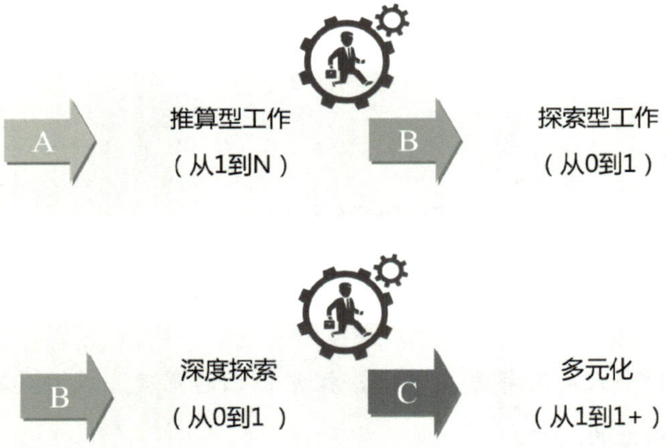

图3–8　职业情境：从推算型到探索型，从深度探索到多元化

小结

从 0 到 1，从 1 到 1+

- 从 1 到 N 需要更好地管理，而从 0 到 1 需要灰度空间，从 1 到 1+ 需要不断添加跨界的能力。
- 不同于因局部的精深而脱颖而出的复利型人才，多元化的复合型人才因跨界两种以上的不同领域而拥有与世界广泛互联的能力和发展空间。

寻找多维度跨界空间

在我的职业生涯里，曾经面试过很多名校的硕士，其中不乏在毕业的同时就放弃多年苦耕的专业，重新开始在其他专业领域里择业。他们很多是为了转型，寻找更适合自己的工作。

博士 D，本科、硕士和博士期间学习的专业都是物理学。他来求职时已经将近 30 岁，没有任何职业经验，一直都在专业学科的学习和实验里度过，然后突然要开始新职业。

朋友建议他先考虑从事“管理咨询”工作，通过给企业提供经营和管理咨询，进行个人能力的重建，变成经营管理方面的专业人员，然后再寻求在企业里落脚。

这是 D 当时的求职动机。虽然说“朝闻道，夕死可矣”，但这种“断崖式”的跨界实在是颇有些难度。强即弱，多即少，D 在物理学领域的研究中已经积淀了很多的知识和研究技能，这也意味着，他在这个领域之外的经历和视野非常少。相比同年龄的大学毕业后开始工作的人，他的职场经验也非常少。

所以，作为面试官，对 D 的考察重点不是他的专业知识和技能，而是 D 和应聘职位之间的另一个匹配性——思维能力。

与 D 刚开始的沟通很艰难，D 对管理咨询行业很陌生，也没有事先做过功课——去了解这个行业。我们之间像是隔着一座山，看不到彼此眼中的风景，也像是两条平行线，找不到契合点。

他总是在谈他的实验项目、数据分析、文章报告，或是导师的要求。D 的身上出现了明显的路径依赖效应。

物理学中有“惯性”这种现象，一旦进入某一路径就可能对这种路径产生依赖。惯性的力量会使得这一选择不断地自我强化，并让你轻易走不出去。路径依赖，即让过去的路径决定现在与未来。

我建议他，能力重建应该先打破路径依赖，建立新的思维格局。这不仅能帮助他和新环境融合，与人交流，并能指导他有规划地进行知识和技能的迁移，形成新的自我强化的机制。

我和 D 一起探讨——如何从对以往的路径依赖变成复合型人才？

面试的过程逐渐变成了我和 D 互动的过程。D 如果希望从某一个专深的理工科领域向管理咨询领域转型，就需要从理工科的专业思维结构中破局，植入管理思维，设计自己职业发展的“复合式思维结构”，成为复合型人才。

从理工科思维，到复合型管理人才

我建议 D 首先建立一个小 MBA（微型——工商管理硕士）的思维结构，

破掉理工科思维的局。

目前中国市场上专业型管理者较多。他们具备足够的专业知识和技能，能够独立从事某个领域的专业工作，也往往因为专业工作出色而被提拔到管理岗位，但由于欠缺管理能力，形成职业发展的新瓶颈。

有的销售经理个人是销售高手，擅长做销售，但培养下属、影响下属的能力不够，不能带动更多下属成长，从而影响了组织的成长。

因此，需要改变思维结构，从专业型管理者变为复合型专业人才——既具备专业知识、行业知识，又拥有系统的管理知识，这样的人才往往“一才难求”，具备稀缺性。

物理学博士 D 希望努力重构自己的思维框架，从而寻求职业的突破，首先需要跳出只从单一维度看问题的限制，而要熟悉多个领域，能够多维度地看问题，如图 3–9 所示的管理咨询顾问的作战地图——企业系统管理思维。

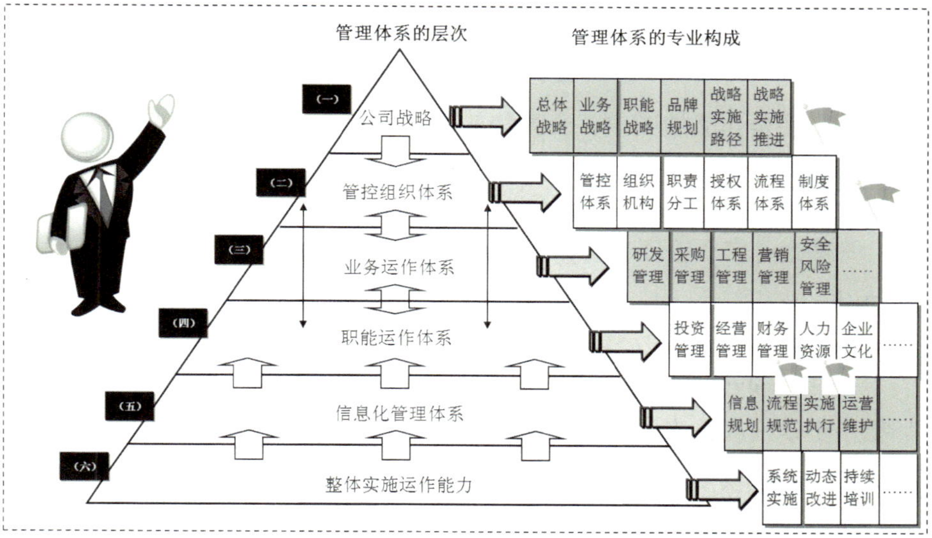

图 3–9　企业系统管理思维

这张作战地图包括企业系统管理的各个思维层次及其构成，它的主要作战攻略如下：

- **战略和组织管控体系：** 明确企业的发展方向及组织的管控模式、组织结构和职责分工等设置，相当于组织运转的“大纲”和“骨骼”。
- **各个业务运作体系：** 如研发管理、采购管理、营销管理、生产管理、风险管理等，是企业的主要生产和经营活动，相当于组织的“肌肉群”。
- **各个职能运作体系：** 如财务管理、人力资源管理、企业文化管理等，为业务运转提供辅助性的支持和给养，相当于组织的“血液”。
- **基本的信息化系统（组织运营的载体）：** 相当于组织的神经系统、反射弧和应变能力。

MBA（工商管理硕士）培养的是对企业全局（如同一个全生态的人）的管理思维模式。这张作战地图包括一个 MBA 学科的主要构成体系。MBA 学习的主要是作战地图中各个模块的基本原理和框架、知识点，以达到对企业全局进行系统思考的作用。

一些企业家、管理者读 EMBA/MBA，主要的目标不是学习各管理门类的知识，而是建立一个思维格局。

“不谋全局者，不足谋一域。”我们可以用中西医打个比方，每个模块都相当于是西医的专科，但中医追求的是整体判断、综合治理，而不是头痛医头、脚痛医脚。企业里每一个模块的运营都会受到其他模块的影响，所以若要完整地理解它，就必须运用多元思维的模式。

一个人力资源管理者，必须要了解企业的战略思路和组织布局，才能设计出让每个人在组织里有定位、在企业发展中有出路的相向而行的人才管理思路，成为经营者的伙伴。

设计人员要跨界学习营销知识、建立用户思维，这样的设计师会更抢手。营销人员要结合大数据信息平台的搜索和分析功能，向用户展现更具个性化、实时和动态的营销创意，从传统营销中升级和蜕变。刚毕业的大学生先不定岗、内部轮岗，建立多维思维的角度，而不是一竿子扎到自己的小圈子里，只见树木不见森林。

同理，不管什么专业出身的管理者，都必须要了解组织管理和人力资源管理的思路，才能指导部门制定完整的策略、流程、制度，并能组建团队、培养人才，最终让部门进入自主化运转，让每个人自主发挥作用，而不是事必躬亲。

管理咨询顾问的核心作用，就是运用系统化的思维，帮助企业领导者从整个系统的角度来思考问题并解决问题。

D 可以选择 MBA 体系中通用性比较强的模块，例如战略管理、组织管理、财务管理、人力资源管理等。这些模块对于不同领域的管理者，都是需要掌握的管理思维，是可以跨界的思维模式。

所以，建立一个小 MBA 式思维结构，主要侧重于这些模块的思维框架和方法，拓宽自己的思维层面和综合框架，目标不是变为战略管理专家、财务专家、人力资源专家等，不是进入某个单一领域。开启和企业内各层面的人（老板、经营管理者、员工）对话的模式，并对接收的各类信息按照自己的思维结构进行分类和吸收，打开他人的世界，融入思维社交。

财务管理框架主要表现在四个层次，体现了财务职能对企业战略与运营的作用，如图 3–10 所示。

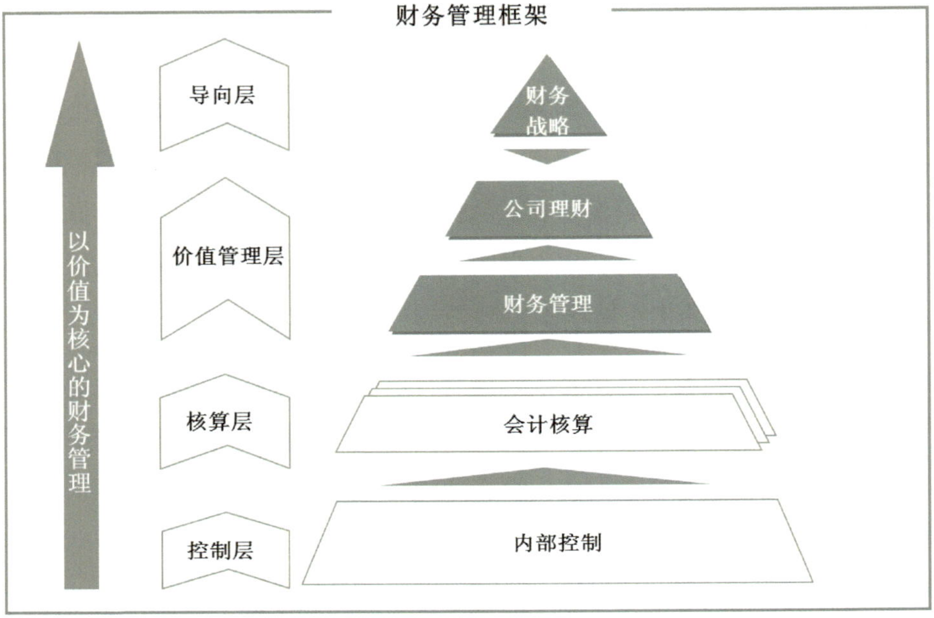

图 3–10　财务管理框架示例

- **导向层：财务的战略职能。**对财务管理起导向作用，以支持企业总体战略目标的实现。
- **价值管理层：理财管理与财务管理职能。**体现财务管理的核心价值，主要是对资金的筹集、占用及支出等不同方面、不同形态的全过程管理。对企业整个经营活动进行预测、决策和监控。
- **核算层：会计核算职能。**财务管理的基础层面，为财务管理提供信息和数据，搭建基础的核算平台。
- **控制层：内控管理职能。**规避企业财务风险，保障财务职能的平稳履行、合规运作。

各职能之间是相互支持的关系，构成了财务管理的框架。

这个框架的底层逻辑：

随着大数据和信息化的应用，财务会计中介化、管理会计企业化是财务管理的发展趋势。所以，对于D来讲，在了解整个框架的基础上，还要把握这个框架的变化趋势。在核算层面，了解互联网技术对财务管理的变革影响；对理财与财务战略等价值和目标管理层面，应投以更多关注，这是很多企业缺失或管理低效的职能；在控制层面，应该了解如何识别和管理风险。

随着国际化、全球化、产业平台化的发展趋势，并购与投资是很多企业战略发展的方向。在资本运作层面，读懂财务报表、财务信息与投资决策、企业市值管理等，都应纳入D的财务思维框架中。

如果对财务管理框架一无所知，你会发现，每次坐在企业经营管理团队的会议桌上时，会缺失一个很重要的沟通和理解的维度，那么，你又如何更好地帮助企业进行经营管理分析和战略决策呢？

然后，确定自己感兴趣的某个模块，做更深入的了解。这需要根据不同咨询公司的业务类型来选择，比如战略管理咨询、流程管理咨询等。MBA也往往结合自己的兴趣和优势，在全局架构上选择某一个专业领域，作为自己深耕的方向。

接下来，在管理咨询过程的实战案例中积累经验；同时关注在互联网时代变革下企业商业模式和管理模式的最新实践和思维变革，保持思维的敏锐性。取之有道的思维框架是前提，而用之有方的实践案例是这套思维的注脚。将二者结合在一起，思维也会相应地得到提升。

这是一种“4+1+实战”的小MBA式的复合思维结构。“4”代表战略管理、组织管理、财务管理、人力资源管理等通用性强的模块；“1”代表自己深耕的某一个专业领域；“实战”代表最新实践和思维变革。最终将各个领域融会贯通，升级自己的思维层次，形成新的优势。

这也是一种T型人才的思维结构——“多元思维+深耕领域+最新实战”。

做专业与行业复合的复合型专业人才

在与D沟通职业架构的过程中，有一条暗线，就是如何提炼D过往经历积淀的优势，避免“断崖式”地从头开始新的职业生涯。

从D对自己的多年求学深造的描述中，可以看出，他虽然不希望再沿着学术的路径发展，但对自己多年的物理学专业还是有一种不能舍弃的情结。

D还可以在“行业”这个维度上，结合自己的专业特点，根据咨询公司的客户类型来选择自己适合的行业。所谓“适合”，就是对某个行业能达到更深入的理解，如一些前沿制造业、高科技行业等。

专业与行业复合，即选择某一个产业领域作为自己深耕的方向，未来可以进入这些行业里的战略规划与经营管理类部门，成为“专业+产业”的复合型人才。D对海外市场有一些研究，外语基础扎实，还可以关注有国际化发展战略的企业，参与海外市场的拓展。“国际化”也是一个可圈可点的新维度。

目前中国很多企业经过多年的积累，开始制造升级、技术创新、走向国际、实行全球化发展战略，这是一个大趋势。在这样的发展背景下，对人才的能力结构的需求也产生新的变化。

这需要D对选定的行业和目标企业的发展动态进行调研和跟进，深化对产业的理解和自己作为复合型人才的结构类型。

医疗设备租赁行业的发展需要既具备医疗行业知识，又拥有金融知识的“专业+行业”的复合型人才，这样的人才也是市场稀缺的。

纵观整个中国租赁行业，经过30余年的发展，业务模式从银行融资到融资租赁物、融资服务（租赁+，如租赁+个人消费）等不断创新，融资渠道从原来银行保理发展为公募、私募，以及到海外上市、租赁基金等多元化发展。新热点不断出现，市场需求不断升级。

而租赁行业的发展也遇到法律法规不健全、信用环境缺失等阻碍行业良性发展的问题。随着政策环境和市场交易环境逐渐步入正轨，对熟悉行业又有专业的金融知识的人才有迫切需求——即租赁业务的目标行业（如医疗设备、飞机船舶等制造业，新能源、节能环保等新兴行业）+金融领域的专业复合型人才。

行业的热点和痛点，决定了对人才需求的发展趋势。这种复合型人才是战略性人才。

对一个行业的快速扫描，可以通过“行业价值链分析”的方式，寻找自己与行业的结合点或跨界空间：

- 这个行业是由哪些业务环节组成的？每个业务环节的市场规模和利润率水平如何？
- 每个业务环节所需的关键能力有哪些？哪个环节是驱动行业发展的关键？
- 这个行业提供了什么价值？面临的痛点有哪些？

- 自己的专业技能如何与这些痛点结合？

提炼可迁移的知识和技能

在这些复合思维架构下，D 可以继续提炼自己可迁移的知识、技能等。

管理咨询行业对咨询顾问的一些通用素质的要求：好的脑瓜子、好的嘴巴子、好的笔杆子、好的心窝子等。

好的脑瓜子，是指逻辑思维能力、问题分析能力等。

好的嘴巴子，是指口头表达能力、沟通协调能力、商务谈判能力等。

好的笔杆子，是指文案写作能力、案例撰写能力等。

好的心窝子，是指责任心、主动担当、主动协作等素质。

很多知名的咨询公司在面试时都会侧重对这些能力的测试。不管你来自哪些行业、专业，这些通用素质的要求常常会占顾问评价的很大比重。

这些都属于可迁移的能力素质。万物皆生于有，而有生于无。随着职业的转换，熟悉的工作领域发生了变化，适用于上一个工作领域的专业知识和技能可能不再适用于新领域，但这些无形的能力素质却可以迁移，并在不同的环境中得到锻炼和累积。

D 深厚的理工科的知识底蕴使其在理解企业的制造工艺和流程、技术原理、经营数据等方面更有优势。

物理学对培养一个人的理解能力、观察能力、推理能力、综合分析能力等方面都有独特的优势。

而作为一个从学士到硕士，再到博士，在科研道路上一直求索的人来说，探究能力和精神伴随始终，也是很多职业所需要的核心能力。

所以，我建议D应该对自己做一个“复盘”，做一个画像，好好思考和总结一下，自己的积淀有哪些是可以迁移出来对未来的道路产生帮助的，还有哪些需要学习的能力。

“好的脑瓜子、好的嘴巴子、好的笔杆子、好的心窝子”，这其中包含的能力也是现在职场里具有竞争力的核心能力。它促进了一个人与外界更高效与广泛地连接，更清晰地自我展示，更生动地互动与共情。

有意识地提炼、培养自己可以迁移的能力，能增加职业跨界时可携带的资本。

扩大综合视野，培养通才素质

对于一个管理咨询顾问来讲，不管是从事什么类型的咨询业务，都需要广泛的阅历和视野，像“万金油”一样，遇到不同的客户，都能进入对方的交流语境，尽快形成通畅的合作关系。

在会议上，大家往往会讨论报告，谈论模型、方法等最基本的工作内容。但是会议后，在餐桌上、闲聊中、各种人际接触中，如果还是这么一本正经地说事，不仅显得很无趣，而且还很不入对方的状态和心境，导致不合拍和产生疏离感。

比如，餐桌上，大家往往都喜欢先谈谈时事新闻，各抒己见，针砭时弊，如果你对时事格局完全不了解，平时从来也不关注，这个时候你就接不上话题，没有谈资，更缺少包袱，失去存在感。

很多老板和管理人员还怀揣独家神技，他们可能对某段历史非常有研究，谈古论今，观点纷呈；也可能擅长琴棋书画，让在座嘉宾都即兴赋小诗一首；或拿出手机上自拍的墨宝请你“赏鉴”。在我的管理咨询生涯中，最奇葩的一次经历是宾朋落座后，饭店服务员不着急上菜，而是齐刷刷地站成一排，拉开架势，手一摆，脆生生地开唱当地的经典戏曲曲目《花木兰》。这是客户特意为项目组准备的，其实是希望北京、上海等外地来的项目团队了解当地的文化特点，为他们量身定制咨询方案。恰好我是一个戏曲爱好者，略知中国几个地域的戏曲，所以当下也回报了一曲经典曲目《穆桂英挂帅》。客户当时非常惊讶，认为我们一定是提前做了“功课”，花心思了解了他们，所以才会有这样的一次贴心的互动。

而这些看似无心的慢聊、交流和碰撞，其实都是在展现一个人的视野和阅历，也是用不同方式来表达自己的价值观念和认知。它能快速找到彼此间的共鸣点，这些触点反过来会帮助合作关系更紧密、更有温度。

我曾经和一个劳动密集型的民营企业交流，这个企业的老板没有太高的学历，但是很聪明，善于学习。他的管理方法都是从各种社会现象中观察和习得的经验。我第一次和他沟通他们公司组织变革的思路，提出建立更灵活的跨部门虚拟团队。他不是很理解这种组织模式，这样我们就无法听到他真实的反馈和有效的建议，而一个没有被一把手领会和认同的方案是不可能得到实施落实的。

我通过和他的副手交流，知道他很喜欢特种兵，喜欢研究军队组织。所以，我决定换一种思路来和他交流，我引用了特种兵的组织模式。再次沟通时，我先举例说：“特种兵不是大部队作战，都是小股作战，各有不同技能，擅长渗透，以小博大……”老板听到这儿一下子来了精神，有了明显的反应，他脑海里保存的认知被调动起来了，开始得心应手地谈论他的看法。我们找到了沟通的破冰方式，摆脱了磕磕绊绊的沟通状态，吸引老板真正关心和参与到我们的方案设计中。

他山之石，可以攻玉，跨界的打法让思路更开阔。《孙子兵法》里面说道，“上兵伐谋”。功夫往往是在诗外。

我和 D 说，如果他希望跳出物理学的专一领域，从专业工作者跨界开启新的职业路径，那么，还需要扩大自己的视野，培养通才素质。

史蒂夫·乔布斯在大学一年级辍学后没有离开学校，而是去听了一些自己感兴趣的课，其中一门是美术字课。这在当时看来完全无用的课，在 10 年后他设计电脑上的可变字体时发挥了作用。乔布斯说：“如果我当年没有去上这门美术字课，苹果电脑就不会发明这么漂亮的字体；又由于微软视窗是照抄苹果的，所以很可能所有个人电脑上就都没有这样的字体了。”

现代管理学之父德鲁克说，一个人在年轻时代，最容易了解逻辑，学会运用逻辑分析和数学工具。年轻人也比较有能力对科学和科学方法有基本的理解，这些都是管理者需要的知识。但是，要为未来的管理工作做准备，年轻人还需要接受通才教育。

例如，“短篇小说写作与诗歌赏析”对于培养管理者最有帮助。诗歌能帮助一个人练习用感性的、富有想象力的方式去影响他人；而短篇小说的写作则能够培养一个人对于人际关系的入微体察。而最可悲的事情莫过于年轻人在商学院中学了“人力资源管理”的课程知识后，就自认为具备了管理别人的资格。德鲁克能成为现代管理学的开创者，源自于他对管理领域和时代的深刻洞察，而不只是知识匠人。

2011 年设立的教学特区上海纽约大学，最典型的特色是开始对高等教育做全新尝试，提供四年制文理科通识教育，开展跨学科学习。大学一二年级的通识课程是跨区域、跨学科、跨文化的教育，学习亚当·斯密、墨子、梁启超、卡尔·马克思、邓小平……以及了解新闻事件，希望学生们了解不同时代、国家的著名社会经济学论著，培养多方向思考的能力。

“不要追求标准答案”，这是通识课程设置的目的，帮助中国产生像乔布斯这样富于想象力和创新的人。这样的人才是这个时代和社会所需要的。

每个人都应该有属于自己的多元思维模型

思维是什么？思维是一种思考的角度。它展示你看到的世界。

如果你的面前摆着一只水杯，杯子里面装着半杯水，你怎样描述它？是“我看到杯子中还有一半水”，还是“我看到杯子中一半没有水”？

从数学角度，是计量；从思维角度，是占有和空白，是过去和未来。

如何建立复合式思维结构？

■ 了解自己思维的局限性

“在一个手里拿着锤子的人眼中，世界就像一根钉子。”当你手中只有一种工具的时候，你就只能用这种工具来干活。

智能手机崛起后，曾是芬兰最大企业的诺基亚手机陷入了衰退。从2011年起，诺基亚展开大规模的裁员行动，这令一些失业的员工感到恐慌。但是，诺基亚为失业员工提供了“转职衔接计划”，包括一系列的创业指导培训课程和创业资金。芬兰政府也积极协助这一群体进行创业。

芬兰政府资助的创业指导课程，内容涵盖如何建立销售记录、寻找潜在客户、销售产品等。对于很多在诺基亚从事技术研发工作的创业者来说，对如何制定交易合同、融资、产品销售、市场推广等问题并不太了解，这些课程指导他们学到了许多不同的思维。创业成功后，有的创业者说：“如果早知道自己经营企业这么有意思，我或许早就离开诺基亚了。”

这是用营销和商务思维破技术思维的局。诺基亚的技术人员离开企业创业后，接受了商务管理思维的重塑，转型为技术与商务思维复合的人才，开拓了新的职业空间。

据《中国新闻周刊》报道，诺基亚通过协助前雇员再就业，孵化了一批新兴企业，并让此前在诺基亚遭埋没的前沿技术在市场中找到了一席之地，为芬兰未来的经济发展撒下了火种。诺基亚的衰落甚至推动了芬兰的科技创业浪潮。

在互联网时代，知识快速迭代，每个人的角色内涵都在不断发生变化。从已有能力去重构新的思维会形成路径依赖，你所依赖的会成为你的局限，今天最强的，可能就是明天最弱的。君以此始，必以此终。所以，思维格局要顺应趋势，就需要不断地复合新思维。

■ 确定复合式思维的方向

复合型人才，可以从思维层面、行业层面、知识与技能层面及综合视野等方面寻求复合的路径。并且，建立怎样的思维格局，决定了一个人的创新之路和潜能发挥。

通常人们转换职业时，可以先从思维结构、思维格局上打开通往下一段路的入口，事半功倍，也不失为一条捷径。

下一段经历和上一段经历可能不同，但曾经的经历就没有用了吗？实际并不尽然，思维模式往往脱离具体事务，提供更高层面的指导。

《哈佛商业评论》预测说，未来20年里，现存的行业领导者将变得越来越灵活多样，会越来越擅长解决复杂问题，并以此占据市场地位。

这里的复杂问题，是指没有标准解决方案的问题，需要多维思维来解决的问题。

例如，MBA 的教学特色是以案例教学为主，让学员在情境中思考，以便因地制宜地实施管理。加拿大著名管理学者亨利·明茨伯格担任了 15 年 MBA 课程的讲师，他提醒 MBA 毕业生说，每个人都应该意识到，仅有管理知识并不能保障你成为好的管理者。管理者在进行决策的时候，不仅需要综合性的管理知识，更需要了解所处的商业环境，增强历史、法律、文化和宗教等“情境性知识和技能”。

■ 不断建立多维思维的框架，培养新视角

投资大亨巴菲特的合伙人查理·芒格，毕生钻研商业系统和许多其他学科来构建多维思维模型。例如，芒格运用物理学、数学、生物学、经济学、工程学、心理学等多维思维，理解市场和经济的运作，成为备受巴菲特看重的商业模式识别大师。

芒格提倡不断学习众多学科的知识来形成一个思维模型的复式框架。只有把这些知识结合起来，并贯穿在一个思想框架中，才能对正确的认识和决策起到帮助作用。

例如，1987 年股市大崩盘使得经典经济学陷入危机，使用生物学的观点来了解股市和经济变得流行起来，从经济学模型的稳定平衡变成不断适应过程的动态不平衡。

芒格跨界多学科所使用的思维模型（大概 100 种），如物理学的临界点，数学的复利模型，生物学的进化论、复杂适应系统，工程学的后备系统、断裂点理论，心理学的认知误判模型等。

“多元思维”即吸收多学科的知识，从每个学科中总结出特定的思维模式。掌握基本原理、分析模型和工具方法，关注核心而不是关注全部的内容知识和细节。依靠综合思维框架进行思考和决策，产生 1+1>2 的“超常力量”，而不是成为某学科的专家。

2017年夏天，职场励志漫画书《未生》成为很火爆的一套书。

作者用围棋的思维模型来思考人生：“在围棋的棋盘上，有361个交叉点，每个交叉点，我们都要做出正确的选择，才能完胜全局。围棋，就是缩小的人生。”

《未生》运用围棋思维中的战术来解读职场中那些重要情境下的生存法则（例如，职场中谈判、对话、人际交往等），以及在不同的职业发展阶段，如何用下棋的思维，步步推进，实现自我成长，最终成为人生赢家。

这本用围棋智慧养成的职场书，它独特的思维方式和不同领域的视野，帮助很多职场新人建立起对工作进行复盘的能力，更快速地入门和成长。

这种具有多个领域的思维和体验的人，被称为“跨界者”。“跨界”已经成为一种现象级的个人发展策略。

跨界者，能够在不同的领域穿梭，甚至游刃有余，并在跨界空间中获取丰富的体验和收益，在广阔的视野中斩获机遇，快速发展。

那么，我们用一张剖面图来总结一下，跨界者在宏观、中观和微观不同层面的视野和能力，如图3-11所示。

- 微观层面：专业知识/技能。很多跨界者，都是在保证专业精深的基础上拓展知识和能力的边界，以局部的精深，脱颖而出，建立一种有主有辅的多重身份，为跨界提供出发点。

- 中观层面：通用性/可迁移的知识/技能。通过通才教育、可迁移的能力的重视和培养，建立与世界互联的能力，为跨界遨游插上翅膀。

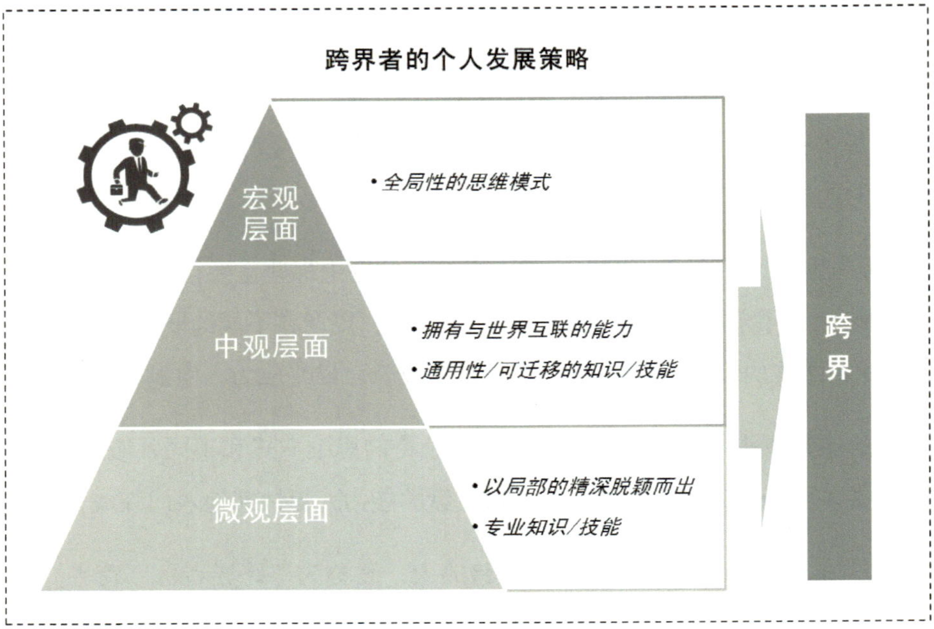

图 3–11　跨界者剖面图

- **宏观层面：全局性的思维模式。**这是一种框架式的思考，保持多维思维，整合多项资源，为跨界提供方向和路径。

小结

1. **设计“复合式思维结构”：**成为复合型人才，拓展职业发展的空间。
2. **设计跨界发展策略：**全局性的思维模式，通用性 / 可迁移的知识 / 技能，拓展专业知识 / 技能的边界。

打造斜杠身份

从自我需要出发，全方位地回归到自我本身的状态，重新定义自己的工作和生活。

斜杠，不是身份标签的堆砌

在前两节中，展开了两种自我身份的发展方向：

复利型人才，在垂直方向上探索自己的深度。向往某些专长在某个领域里达到极致，实现深度自我，凸显身份的个性化。

复合型人才，在水平方向上探索自己的宽度。追求思维格局、能力素质的迁移和跨界发展，凸显身份的多元化。

在本节里，是自我身份的另一种发展趋势：

在多方向上探索职业和生活的自由化。从自我需要出发，寻找自己的燃点和更多新身份，凸显身份的碎片化。

于是，出现了“斜杠”这种现象级的身份标签。从以前的追求“财务自由”到追求“身份自由”，摆脱单一职业的限制，开启多重身份，开放自己，已经是很多职场人新的奋斗目标。

然而，“斜杠身份”的构建有一种误区：堆砌罗列很多标签，似乎越多越有价值。但是，杂乱无章的自我堆砌、随手画杠并没有亮点，且缺乏深刻。

每个斜杠应来源于对自己的燃点的探索，这样才能继续开发自己的斜杠能力，并通过多重身份获得多重收入，以及多样性的人生体验。

小结

如何构建有价值的斜杠身份？

1. 设计斜杠的组合模式

通过“主业 + 副业（兴趣 / 爱好）”“主要特质 + 辅助特质”“职业素质 + 人文素质”等不同组合，多角度地展现自己。

2. 探索自己的燃点

将个人画像与职业画像比对，以个人为圆心，搭建能够满足自己全方位需求的身份架构，重新定义自己的工作和生活。

斜杠身份的组合模式

处于这个时代的转型期，人们开始“主动跨界”，寻求未来的出口。这个出口不再是单一的某个职业或某种身份，也不是选择了“A 职业”就必须放弃“B 职业”这样非此即彼的选择题，而是可以有“并列选项”，这就是斜杠身份的组合。

斜杠组合的后面是对每一条斜杠的设计和打造。例如，按照“主业 + 副业（兴趣 / 爱好）”“主要特质 + 辅助特质”“职业素质 + 人文素质”等组合，多角度展现自己。

■ 主业 + 副业（兴趣 / 爱好）

斜杠身份，以主要职业为核心，开发兴趣、爱好等自身优势，发展副业。

他是画家和雕塑家，热心于艺术创作，研究如何用线条与立体造型去表现形体，用画笔和雕刻刀表现大自然和现实生活。

他爱好广泛，渴望掌握人类思想的各个领域，他还是多才多艺的发明家、哲学家、音乐家、医学家、生物学家、地理学家、建筑工程师等。

画家 / 雕塑家 / 发明家 / 哲学家 / 音乐家 / 医学家 / 生物学家 / 地理学家 / 建筑工程师 / 军事工程师……这个“斜杠青年”就是达·芬奇，欧洲文艺复兴时期的代表人物之一。

斜杠的切入，往往是在职业之外，从自己的兴趣和爱好着手，并进行投资和培养，这样斜杠也能发展成独特的专长，而不会昙花一现或浅尝辄止。

因为一个人的精力和脑力是有限的，所以，面面俱到的斜杠身份，反而乏善可陈、找不到重点。

兴趣或爱好的后面，是自己对某项事物、某个领域的热爱。兴趣爱好人人都有，但要发展出一个有深度的斜杠身份，就需要开发它，变成自己的独特优势，甚至成为专家，这样才更有可能成为一个副业、自己的一个事业。

知乎上的知友“小马鱼”——运营顾问 / 互联网营销培训，分享了自己是如何发展兴趣爱好的。

除了本职工作以外，找到你想发展的爱好，先投资它，再过渡到免费享用它。从大学开始，我对茶、花、民宿、传统文化、旅行等很感兴趣，最开始是消费者，然后寻找可以“以战养战”、免费进入圈子学习的渠道。你可以主动去寻找自己喜欢的行业的APP、公众号或者直接找到实体店老板，去看他们是否有招达人或者兼职的需求。爱好结合专长，找到你的比较优势。我们都听说过“一万小时理论”，任何东西，你做不到一万个小时，可替代性是很强的。

“主业 + 副业（兴趣 / 爱好）”组合的斜杠效应：有根基、有枝蔓、身份有层次感。

金星曾在《金星秀》中对话岳云鹏，如何看待自己现在从相声界跨界到娱乐界、影视界的火爆。如何看待自己相声演员 / 影视艺人等多重身份。岳云鹏说，不管在哪里火，德云社的相声舞台才是自己的根，大幕拉开就能说自己的相声。金星回应他的话说，最后始终能回归自己的初心。

有自己的根，这个根也是自己内心最希望归属的。跨界者也有自己的根，虽然多重身份带来了很多风光，但有根基能使自己内心更稳定。“稳定的职业 + 兴趣”，用主业保生存，以副业求发展，这也是斜杠的一种权重策略。

如果主业的资源可以帮助副业发展，则有利于斜杠身份的孵化。

主业的资源包括商业网络、人际关系等。有一个出版社的编辑退休了，但他退而不休，开始进入自由职业者的生涯，即“退休编辑 / 自由编辑 /

××领域关注者”。原来在工作期间，因为有出版任务量的要求，他每年要考虑做足够的选题。退休后没有绩效考核的压力了，他准备做自己最想做的领域的选题。所以，他仍然利用自己在出版业积累的人际关系，积极拓展作者资源，走访相关行业协会和企业，为出版社策划、推荐选题，开始用自己的商业网络为自己做事。

斜杠不仅体现了能力和收入的多元化，还体现了每个“斜杠青年”的生活方式和理念。

很多斜杠青年都是“小资”人群。他们有比较稳定的职业和收入来源，有文化有修养，追求有品质的生活。

她的一面可能是写字楼里的职业女性，一面是在知乎上研读“如何开家长长久久的咖啡馆”，谋划有一个自己投资的副业，一面是在晚上的灯光下听听舒缓的音乐，写写个人专栏里的情感故事、职场生活，一面是在假期里做一个背包客到云南、西藏，到沈从文笔下的“边城”小镇……地图上的边边角角里一边放逐自己，一边推送网络直播分享见闻。

他们内心可能向往稳定从容的生活，却也喜欢用斜杠分离出各种异样的人生。因为有很多斜杠加身，所以能够在安全感与自我实现之间保持平衡。

神话传说中有一种四条腿的怪兽，每条腿走路的方向都不一样。

当兴趣、爱好都能成为斜杠身份而得以发展的时候，一个人就像这种传说中的动物，虽然每个身份的方向都不一样，但仍然可以协同并进。

■ 主特质与辅特质组合

斜杠身份，以首要特质为核心，开发辅助特质，相得益彰。

“分裂豌豆”是一个ID名。他的斜杠身份是××集团公司办公室主任/××运动社团长跑达人。

“豌豆”主任是我的项目合作伙伴。刚开始的一段时间里，我只知道他的“办公室主任”这个身份，经常在老板和各个部门管理人员之间沟通协调，扮演着“事务协调者”的角色。所以，“豌豆”主任要善于察言观色、左右逢源。作为合作伙伴，我们一直顺利地推进各项商务协作，没有什么摩擦。我们都认为他很胜任这个角色。

关系建立后，我们彼此互加微信，才发现“豌豆”原来还有另一重角色。他几乎天天在朋友圈刷长跑纪录和运动社团的活动，他是社团里积极的参与者、领头人，并且个人成绩傲人。

职场上的“润滑油”/运动场上的“号令者”，这两种完全不同的角色竟然集中于豌豆主任一身，我脑补后才知道其实他没有人格分裂。

“豌豆”在“办公室主任”这个角色里呈现的特质是他的首要特质，主要是一些“宜人性”的特质：看重合作和人际和谐，善解人意、依从、谦虚、利他等。在“情绪稳定性”方面，通常表现的状态是，自我抑制、谨慎、小心翼翼，甚至圆滑等。

而作为“运动达人”，在运动场和赛道上要直面竞争，挑战自我，不断冲击自己的极限。这个角色里表现的特质是他的辅助特质，这是一些“外倾性”的特质：热情、活跃、冒险、决断力等。在“情绪稳定性”方面，相比在职场上的“波澜不惊”，“豌豆”表现出强烈的自我意识、野性奔放、冲动好胜、具有攻击力等竞技状态。

像一条弹簧，工作时间是压缩的状态，业余时间是弹开的，一切都“溢于言表”。而这些都是他的自然状态。

正是这个斜杠身份，让我更加了解“豌豆”主任，也更尊重他。他也有自己的个性和主张，独立、明晰而坚定。在工作之外，我和他的互动都是围绕这个第二身份。他很开心在这个身份下的交流，也让我们彼此都能放松。他还推荐我去阅读村上春树的《当我谈跑步时，我谈些什么》，它给我们展现了村上除写作之外，对于一些爱好的感受，与以往不一样的自己。

“一棵植物，怎么能发射如此多的豌豆呢？”这是“豌豆”主任的个性化签名。

根据奥尔波特的特质理论，每个个体身上都有独特的特质。这些特质往往是合成的，包括以下方面：首要特质——一个人最典型、最有概括性的特质，影响到一个人的各方面的行为；中心特质——构成个体独特性的几个重要的特质，每人有 5 ~ 10 个；次要特质——个体一些不重要的特质，只有在特殊情况下表现出来。

“豌豆”主任是按照自己的主辅特质设置了身份组合，并为不同的特质寻找适合的展示渠道。他的运动特质，还可以往健身教练等方向发展。不管是什么样的形式，豌豆觉得能让自己全面舒展是最重要的，所以，他对自己的第二身份很用心地经营着，并从中收获不同的自信。

《多重职业：让工作和生活获得双重成功的新模式》，《纽约时报》专栏作家玛希·埃尔博尔在这本书里将“斜杠青年”总结为五种模式，其中一种就是**“大脑 + 身体”组合。这种模式能够让人在脑力劳动和体力劳动中相互切换，保持身心健康。**而在不同的劳动活动后面，切换的也是不同的特质。动如脱兔，静若处子，动静相宜，就是这样两种特质的组合。

玛希·埃尔博尔还谈到一种模式是“左脑＋右脑”组合。这是一种理性思维和创造性思维共同发展的模式。例如，计算机程序员/戏剧导演，理性和艺术彼此互补，带给我们更开阔的思维。

管理咨询顾问们常常有一种体验，就是在给技术型人员多的企业做项目时，往往不太容易沟通。相比劳动密集型企业，这类企业的人员素质其实更好。但是，技术型人才有一个特点，习惯于逻辑思维，熟悉定理、原理，所以，对于一个管理方案，他们常常希望你能先提供一个模型来推导。而管理的本质是“科学＋艺术”，不是技术图纸。邓小平说过，“不管黑猫白猫，抓住老鼠的就是好猫”“摸着石头过河”。这些都是不遵循常理出牌、从实践出发的创造性思路。

不同的身份，特质也不相同。“大脑＋身体”组合、“左脑＋右脑”组合，这些完全不同的斜杠身份能组合出奇妙的结果，是因为在这些组合里的我们，在激发自己不同的特质和能力。

玛希·埃尔博尔谈到的另一种模式是“写作＋教学＋演讲＋顾问组合”，并称之为“黄金组合”。四种身份之间可以形成完美的循环推动，写作可以让你成为某个领域的意见领袖，随之而来的邀约就是演讲，这两种身份积累的经验又可以让你打开教学和顾问的身份。

虽然这种组合不具有普适性，更适用于知识型的人才，但人文素质已成为斜杠身份的一种底蕴。

随着人工智能的发展，人类依靠左脑进行的很多工作都将被替代，经济发展的动力从“左脑能力”转移到“右脑能力”。李开复建议，要更好地发挥我们在文化、艺术、审美方面的优势。

伴随着这种趋势，很多人开始开发职业特质与人文素质组合的新的斜杠身份。

毛泽东是伟大的政治家 / 军事家 / 诗人。他的身上既有政治家和军事家的特质，也有诗人的特质。

中共中央文献研究室主任陈晋，解读毛泽东的这些特质对他的影响时说，毛泽东是“文人领兵”，他并不是打仗出身，却成了首屈一指的军事战略家。他懂哲学、懂文化、懂社会、懂政治，战争里的最高境界就是一种哲学，多与少的问题、强与弱的问题，说到底就是哲学智慧的较量。所以，毛泽东能打胜仗，能够成为大战略家，在军事上不拘形式，在战争中学习战争。中国历史上有很多种将领，除了猛将、勇将、大将等，最让人崇拜的将领是“儒将”，如诸葛亮。

文人领兵之后，同时又有超越文化人、超越专业知识分子的地方，就是作为军事家的特质带来的优势：机敏、果断、有魄力和敢作敢为。在命运的关键时刻，在前途扑朔迷离的时候，如果是一个没有军事家的魄力的人，他就会犹豫不决，不敢决策，失去机遇。例如，历史上的赵括，文人领兵、纸上谈兵。

各种身份组合不是用模型和分类就能穷尽的。每个人都是复杂而独立的个体，应根据自己的特质和条件，来寻找合适的身份，并开拓每条斜杠得以发展的空间，让自己被“折叠”的地方，有更多释放的渠道。

探索自己的燃点

找到自己的燃点，建立以自己为原点的坐标，然后从这里出发淘出你的感受、习得你的经验。久之，你就有自己的世界了。

这是属于你的人生架构。

下面的小 A 和 B 生，通过将职业画像与个人画像比对，探索自己的燃点，把不匹配因素分离出来，将匹配性因素做职业迁移，并开始了新的职业和人生的“斜杠”规划。燃点激发了人的潜质。

■ 渴望拥有独立的身份

会议室里，一行穿着职业装的咨询顾问准备参加一场招标项目商务谈判。商务经理小 A 流利地向招标委员会成员介绍己方人员的主要身份：“这是我们公司的业务专家、销售合伙人 B 生……”

B 生等一行人围绕会议桌边的各委员们鱼贯绕行，依次递送名片。鱼贯仪式完毕，小 A 呈上厚厚的招标书。这是她点灯熬夜几天准备出来的，因为她同时还要赶制好几份招标项目材料。这是她作为商务经理的日常事务。

从商务助理到商务经理，小 A 在这个角色里已经工作了 5 年多，业务介绍、客户沟通话术、商务程序，她闭着眼睛都能干——渐入流程化、重复性。小 A 不是销售的决策者，在商务会谈中她会补充谈话信息，但时刻提醒自己谨记，不抢话、插话，不发表相左意见。

5 年前，小 A 选择销售工作的目标是“通过自己、打通世界”。她曾参加电视职场选秀节目，获得了不少企业的瞩目和机会。这是她人生经历里的亮点。现在，固定的角色和流程化工作，慢慢压抑了她活跃的特质，如图 3–12 所示。

在职场打拼步入 35 岁时，小 A 决定转型。她为自己绘制了一个“能力画像”，分析自己的状态和势能，帮助寻找转型的方向，如图 3–13 所示。

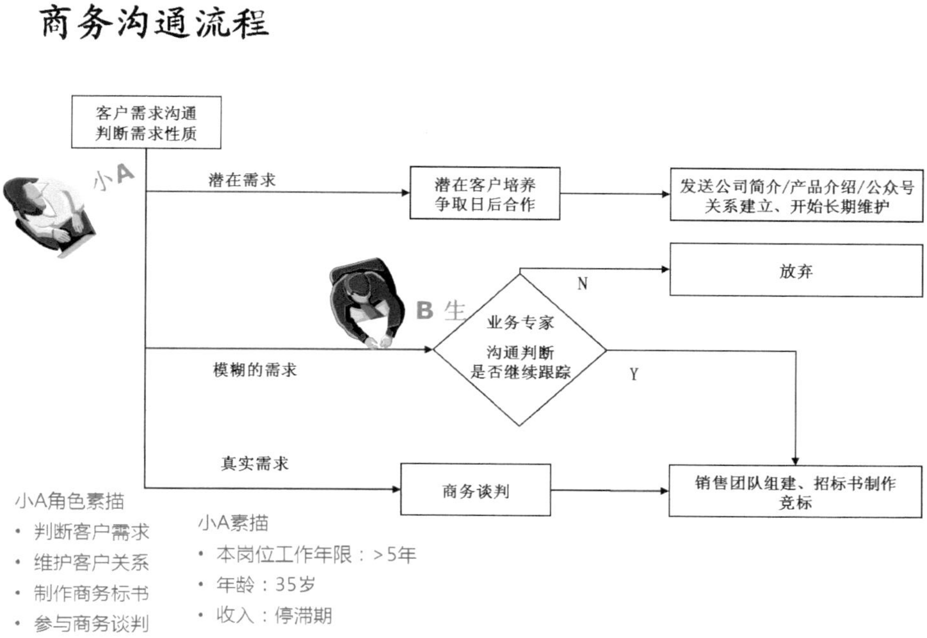

图 3-12　商务经理小 A 的日常事务

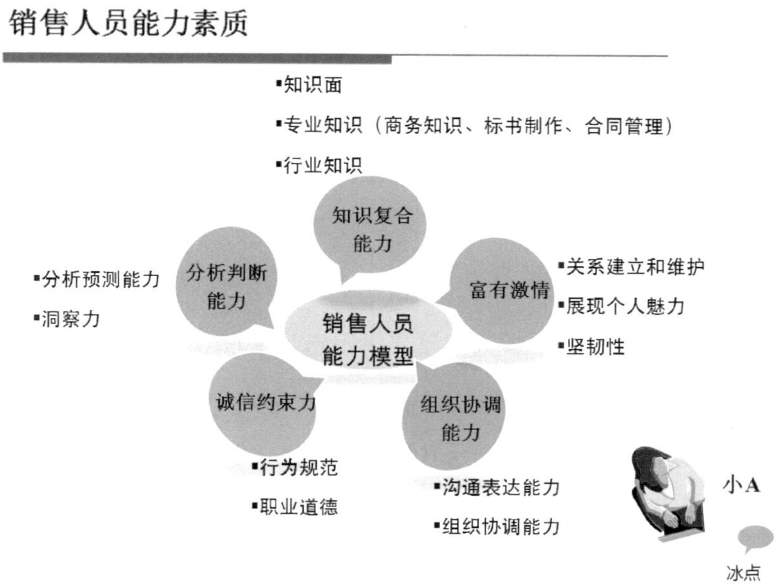

图 3-13　商务经理小 A 的能力画像——职业画像与个人画像比对

在小 A 的销售角色画像中，多年的销售经历为她积淀了很好的职业素质。

分析判断能力、组织协调能力，这些能力处于可继续上升的空间，只要遇到更大的燃点。

多年身处一个行业大品牌公司，形成的良好的职业规范和诚信记录，诚信约束力能为她的事业开拓保驾护航。

这些职业素质是小 A 良好的个人资产，属于无形资产。它们随着时间而沉淀，并仍然可以被迁移到新的事业中，属于"可迁移的职业素质"。

小 A 看着画像中的知识复合能力和富有激情，不由得叹起气来。知识固化和工作固化，使她渐入冰点增多、激情缺失的状态，也渐渐影响了其他的能力发挥。

小 A 整个人都感觉不好了……

她决定做个自由职业者，重新探索自己的燃点，并利用好上一段职业生涯中的红利。

小 A 在互联网上新兴起的一些自由职业者平台、兼职网上注册了个人 ID，关注平台上适合自己的能力区域，寻找任务单。比如，商务合作 PPT 制作，这类任务单按需出勤、按日付酬，明确了所需的时间和要求。

小 A 一边关注这些任务内容，一边在自己的知识结构中进行对应，提炼自己可复制、可独立化运作的核心能力，并制作成一个个知识模块，贴上自己的能力标签，比如商务标书制作这个能力标签。她能够熟稔地按招标书程序准备书面材料，标准、合规、响应及时。然后，在平台上去发布自己的任务清单，形成自己可独立发起的工作流。

原来，小 A 总是在别人的影子里。现在她开始考虑自己的公众号，并加入了一个如何打造公众号的知识社群，学习打造个人品牌。

这是小 A 的新身份：知识服务者——商务设计。

小 A 还考取了一个资格证书，开始做家庭健康产品代理。她认为自己虽然不再销售原来的业务产品了，但她个人能力画像里的相关职业素质，可以迁移到新的销售领域。

生活中的小 A 已步入上有老下有小的家庭角色，很难保持一个人拉着行李箱到处出差把家庭抛诸脑后的自由行状态。

这个新身份（个体商业——健康代理），也得益于小 A 作为自由职业者，不用朝九晚五地上班，可以根据自己的时间来安排各项活动。所以，她同时还在互联网上学习“时间管理”，因为这是现在最重要的自我管理。

不同的身份有不同的收入来源，这让小 A 也开始获取更多的安全感，也减轻了年龄带给自己的焦虑。生活开始向自己回归，这让她对未来的发展开始有所期待。

基于此种身份的裂变，小 A 变成了一个看起来靠谱的斜杠青年。

随着知识付费之风刮过很多人的心头，小 A 也开始在夜深人静、家人安睡之时，在灯下做能力复盘，把自己多年的商务经验梳理出来，开始在公众号里和需要的小伙伴们分享，也许正好解决了某个小伙伴商务交往中遇到的问题。有人打赏，有人点评，有人开始关注，这使小 A 觉得自己的经验在增值。

也许小 A 还会继续裂变自己的身份，如果她找到了新的身份的燃点，如图 3–14 所示。

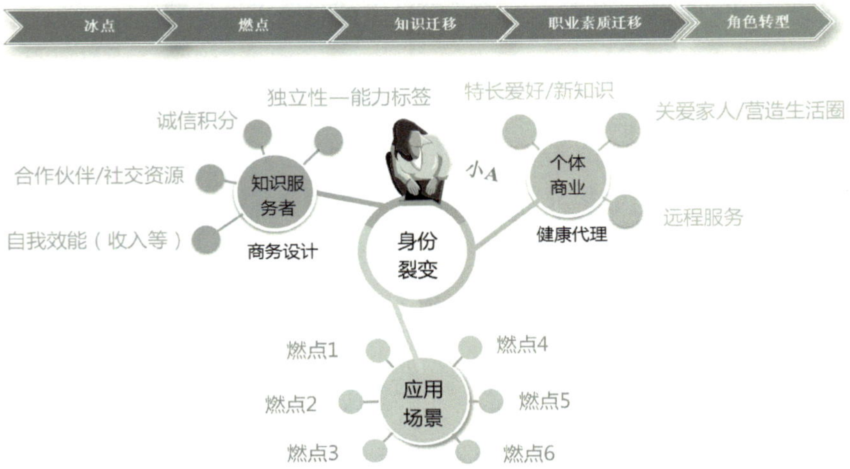

图 3–14　自由职业者 / 斜杠青年小 A 的燃点图

■ 渴望拥有自己的平台

B 生，虽然是整个商务链条中的核心决策者，但他只是一个高级销售人员，经常受限于公司内部人才不足的情况，巧妇难为无米之炊。B 生希望有一个自己的社交平台，自由组建人才网络，打破公司的限制，让各类专家都能在这个平台上一展所长；根据客户需求，组建适合的销售团队一起打单，参与商务案例讨论、经验复盘；并且所有的收益规则都公开透明。

而 B 生则从一个销售大咖变成了一个搭建需方（客户）和供方（业务专家）有效对接的平台主，建设汇集心智、内容营销的专业社群，在这个过程实现自己的身份蜕变、升级。

对于创业型客户，B 生携平台上有兴趣的专家一起参与企业诊断、投资、辅导，获取更长期的投资收益。B 生的身份裂变为投资人等更多方向，如图 3–15 所示。

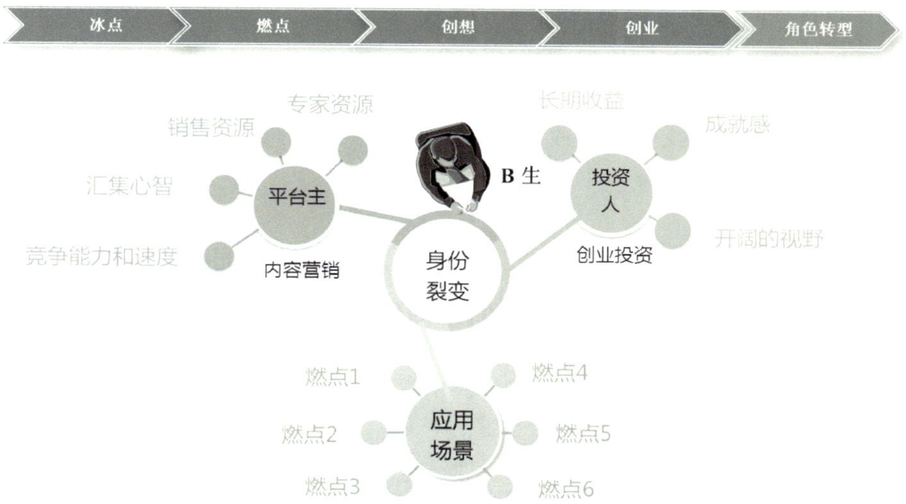

图 3-15　平台主 / 投资人 B 生的燃点图

■ 定制自我需要

按照马斯洛对人的五层次需求模型，小 A 和 B 生，重新定制了自己的需要。

小 A 做了多年别人的影子，渴望有自己的身份表达，有独立的专业性，不再如影随形。

小 A 首先获得了自由职业者的身份，自己支配工作时间和地点，使小 A 可以照顾家人，满足了最基本也最重要的生理需要——生活角色的需要。

在身份转换之前，小 A 思考并提炼了自己以往工作的知识和能力，在跨入新领域时，进行了知识和能力的迁移，实现了认知转型；当自己完成的第一笔任务单获得的收入，及时从平台方转入小 A 的个人账户时，她获得了一种前所未有的安全感，这是一种不同于别人发工资给你的自我掌控感。

认知转型和收入的自我掌控，满足了小 A 的安全需要，这是她的职业生涯随着年龄增长焦虑感也倍增的源头。这也是一种自我效能感，在自己的投入和产出之间获得的真实的效能感。

B 生渴望有自我规划的独立平台，按照自己的模式，在平台上建立个人影响力，并与更多人共舞。

B 生通过共享式的社交平台，实现了自己的社会认同感，拥有了身份的归属。这让他开始专心致志地打造自己的事业和影响力。

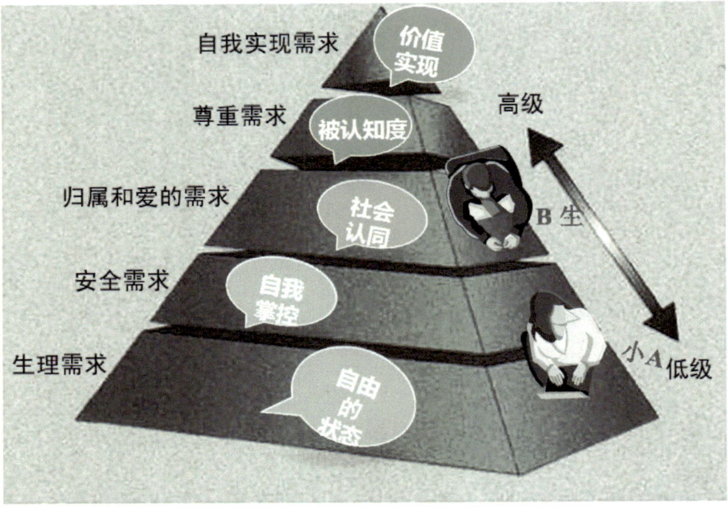

图 3-16　新身份中获取的自我需要（马斯洛的五层次需要理论）

小 A 和 B 生，都在追求属于自己的身份和这些身份下个人品牌资产的积累，在身份的裂变中获取更切合自己的需要。

小 A 和 B 生并不是个例。当越来越多的互联网自由职业者平台崛起，平台的业务领域和服务越来越丰富，也会有越来越多的人加入这个新的职业大军，为自己、自己的产品和服务、自己的事业，寻求舞台。

《分享经济的爆发》这本书探讨了全球分享经济的发展趋势。在分享经济平台上，我们正在见证“多面手”的复兴，实验室技术人员可以轻松地兼职作为房主在 Airbnb 上出租空房。正式工作与休闲之间的界限日益模糊，很多兼职工作可以按需提供服务。例如，在分享平台上很容易找到疏通堵塞下水道的工作任务。工作不再分为 8 小时工作制或 12 小时倒班制，而是可以发生在越来越多的小时间单元里，越来越多的小任务可以外包给能提供相关服务的人员。

开发斜杠身份，不仅拓展自我经营的空间，还能减少单一职业变化给自己带来的风险。

例如，在 20 世纪下半叶的大部分时间里，大多数美国人只在一个领域，从事全职工作。如果失去了工作，他们会保持失业状态，直到找到另一个全职工作。在今天的经济中，就业或失业已经越来越难以衡量，因为多重兼职、自由职业、微型创业等成为新的常态。越来越多的人不再符合 20 世纪的理想工作状态，没有“工作”和拥有“工作”之间的界限变得越来越模糊。

在这样的发展趋势下，人们越来越回归到自我本身的状态，来定义自己的工作和生活。

从五个层次，重新定义工作和生活

斜杠让一个人的身份变得丰富、立体，斜杠意味着对自我需要的充分满足。

很多人渴望建立多重身份，不想朝九晚五地工作，也是不愿意为同一个老板打工，迎合一种企业文化，削足适履，接受被塑形。相比于“组织人”，斜杠能让自己回归为一个“生态人”，拥有更完整的自己。

参照马斯洛的五层次需要理论（注：图示见本章“探索自己的燃点”

一节），我们来解读一下斜杠身份能满足人的哪些需求。

■ 第一，生理需求

生理需求，是人类维持自身生存的最基本要求。

日出而作，日落而息，是人与自然相呼应的生活状态。

按照自己的时间、坐标、身体、情绪来安排起居，是人与自己最和谐的生活状态。

自由的状态，是工业化革命以来，人们最稀缺和追求的，即按照自己的节奏生活。明朝的“心学”家王阳明曾说：“随心而动，随意而行，万法自然。”天理即人欲。

拥有时间规划的自由，自己定制工作的小目标、休假目标，按照自己的节点管理自己。不用按照朝九晚五的生活周期，像机器人一样按一个时钟去停或摆。

拥有自己的生活选择，不用按照既定的生活模式，自由切换自己的频道，比如陪伴家人，进入不同身份下的生活。

拥有自己的坐标，工作不受地理位置的限制。互联网时代，传统的到公司的办公楼集中办公的方式，被移动办公所取代；聘用到固定的一个公司工作，被网络协作办公的方式所取代。

网名为“搬砖小伟”的湖北青年石神伟，凭借一系列自制的高难度健身视频，在短视频分享平台上吸引了超过百万的粉丝。人们可以避开一线城市的高房价，去二、三线城市做一个斜杠青年，更轻松地生活。

■ 第二，安全需求

安全需求，是人类要求保障自身安全、摆脱事业和丧失财产威胁等方面的需要。

在自己选择的身份下，会产生主动学习的自驱力，不仅有助于保持独立思考，而且所学与所用一致，学习与输出一致，能增强自我掌控的能力。不是为企业而学，也不是为追逐别人而学。

在自己的身份下，各种投入和努力可以被累积，可以被市场看见。信用评价、口碑评价、历史贡献值等市场指标，可以评估影响力，积累出竞争力。

《人民日报》登载的文章说“与其在一流企业就职，不如从事自由职业”。

> 在名企身居高位，自然会让各界人士羡慕不已，就连邻居都会心生赞叹：“你的工作真不错呢。”但是不是你一旦离开公司，你的光环就会褪去？在当今互联网时代里，如果你能坚持学习，运用新媒体，那么过去你是否拥有地位和名声就变得不再重要。最后能够持续发光发热的人，一定是那些不依赖于任何平台、靠实力说话的人。

现在这个时代，一个企业的生命周期不一定比一个人的职业周期更长，不依赖任何平台，才能获得真正的安全感和归属感。

现在获取收入的渠道也越来越多，市场需求越来越多样化，每个兴趣爱好都可能独立经营成闭环，实现投入和产出。有些收入从刚开始时的不确定性收入，只用来补充生活费用，到逐渐经营成越来越专业的投入和变成稳定的收入。

公众号“薇安说”分享了自己身边的一个例子。一个朋友在被公司辞退后，她开始思考将自己擅长“收纳整理”的特长变成独特的优势。于是，她潜心钻研“收纳”这个领域。然后，她真的成功了，成为收纳达人，到处授课，收入远超以前的工资收入。

从投资的角度看，不要将鸡蛋装在一个篮子里，是规避风险的方法。不依靠单一职业的收入作为整个生活收入来源，也是提高安全性的措施。

■ 第三，归属和爱的需求

归属和爱的需求，一方面是指友爱的需要，即人人都需要伙伴之间、同事之间融洽的关系；另一方面是指对归属的需要，即人都有一种归属于一个群体的感情需要。

斜杠身份意味着对身份的细分，每一种不同的身份，在互联网平台上，都可以去寻找志同道合、意气相投的人及社群。因为有共同的爱好，往往具有比同事、普通朋友更深的理解，也少了一些功利心，关系往往更长久。因为你的分享有人需要，有人能懂，分享带来的价值和收获，会让人有被认同的感觉，也就更有归属感。

所以，一些自由职业者，并不一定是孤身一人在奋斗。他们往往更珍惜自己的圈子，而减少了很多无效的关系。

“物以类聚，人以群分”，这是新的类聚时代，人们打破了空间限制，实现了真正的“同类者”相聚。

■ 第四，尊重需求

尊重需求，是人类希望自己有稳定的社会地位，要求个人的能力和成就得到社会的承认。

互联网时代是“网格化”的，每个人都是一个中心，从“以他人为中心”转变为“以自己为中心”，有独立的认知，独特的商业模式，有自己的能力标签，能发展成 IP、超级 IP，成为新的追求。这样的人更能获得社会地位和认可，并具有引领性。

湖北青年石神伟，是一个寒门青年，从留守儿童、网瘾少年一路走来，用健身不断磨炼和改变自己，刷新人们对他的认知。

找到属于自己的细分领域，并努力打造自己的标签，提高被认知度。

■ 第五，自我实现需求

自我实现需求，是人类实现个人理想、抱负，发挥个人的能力到最大程度，完成与自己的能力相称的一切事情的需要。

做自己热爱的事情，定位自己最好的身份，随能力、随愿望选择职业，是自我价值实现的设定。

建设个人品牌，关注品牌估值、信用等中长期建设，有目标、有方向并且走在趋近目标的路上。

也许我们也关注流量，但是不会在追流量的时候迷失方向。

也许我们也追求爆款，但更多是在追求自己的过程中，可能遇到了爆款，爆款不是目标，是可能遇到的结果。

2017 年，我受一个互联网自由职业者平台的邀请，接受北京电视台关于“共享人才”这个话题的采访。

主持人的一个观点让我印象深刻：小时候的梦想，经由自由职业者的身份而得以实现。

正如一开始，腾讯对“95 后”的择业取向调研显示的趋势，年轻一代渴望拥有更灵活自如的时间表，自由选择工作赚到更多的钱。他们喜欢独立和控制权。

换言之，他们在选择更能接近自己理想的生活和更理想的生活状态。

第四章　内容型 IP 的养成

从 IP 品牌运作的三个角度开发身份的功能，赋能（内容创作力）、赋情（价值互联、情感共鸣）、赋值（内容创业、商业变现），实现自我进阶。

身份的深度经营
从自我展示到变现

内容型 IP 的复合式思维模式。

能自洽的小而美思维

超级 IP、大 IP、头部 IP 这些现象级的个人 IP 的崛起，带来了强大的内容变现能力，也成为各个互联网平台竞相追逐的目标，粉丝拥趸的对象。

IP 从独立的知识产权，已经演变为个人品牌的象征。

它象征着对某个维度的知识和技能的极致追求。成功的自我赋能，产生强大的内容创作能力，成为知识型 IP/ 技能型 IP，也象征着能与人产生价值互联、理念共鸣的独特价值观，成为人格化 IP。

追随着 IP 化的进阶之路，众多腰部 IP 在孵化，小 IP 的变现能力开始逆袭，小众 IP 在对某类细分人群产生情感共鸣的影响力。个人 IP 在广泛地崛起。

IP 是个人品牌深度经营的结果。内容型 IP，是内容力、人格魅力和共情能力的复合，是在一个 IP 身上呈现的小而美的系统思维。

高晓松的音频节目《矮大紧指北》上线首月即收益 2000 万元，细思有三个卖点：内容（可以不看颜值的音频）、人格魅力（一个没有颜值但却经常给粉丝灌输价值观并被口口相诵的人）、共情能力（网络情境感强）。

蜻蜓 FM 总裁钟文明揭秘头部 IP 的养成，他说要有跨界能力。他们曾经找过很多大学教授来合作，教授知识底蕴很强，但网感不够，不能满足用户的需求。而高晓松恰恰具备了这些选项（是多选，不是单选），所以，他们与高晓松的合作成功了。

那么，如何打造成为一个内容型 IP 呢？

思维导图：内容型 IP 的设计

内容型 IP，从三个角度进行开发和塑造，包括内容力（知识型 IP、技能型 IP 的开发）、人格化（人格化 IP 的开发）及情境化（IP 的应用场景的开发），以实现内容创新、身份创业。

1. 内容力

知识型 IP、技能型 IP，有明确的定位，在某个职业层级上做内容的原创者和开发者，找到知识技能萃取的方向，并确定自己努力的目标和规划，达成什么深度、达到哪种高度、怎样设计和运作自己的内容创作者的角色。

2. 人格化

优质的内容还要能承载独特的价值观，与人产生理念共鸣、情感共振与深度互动，展现独特的人格魅力。打造 IP 的人格化价值，要了解自己的价值认知，挖掘出价值因子，在用户 / 粉丝心目中塑造心智认知。

3. 情境化

IP 的情境世界是用“滤镜”看过去的，包含美学、文学等各种通感的人性化表达，对目标人群的内心世界和生存场景的情境塑造，运用新科技对情境的神奇设计……“它”本身是一个有敏感度和审美力的体验师，是一个善用右脑做创意性工作的情境设计师。

知识技能型 IP、人格化 IP 和 IP 的情境化开发，构成了具有综合魅力体的内容型 IP，如图 4–1 所示。

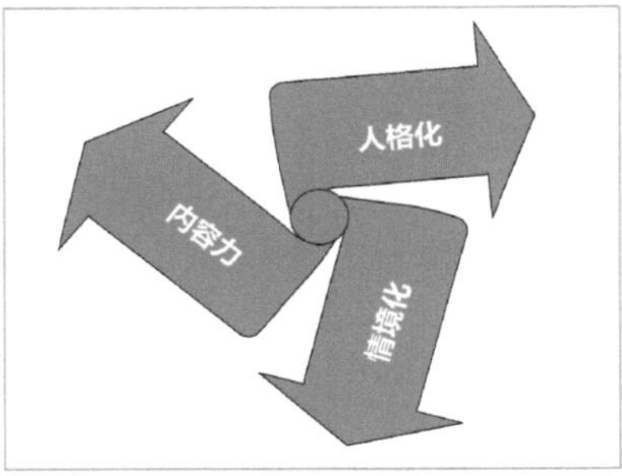

图 4–1　内容型 IP 组合

4. 内容创业

内容型 IP 善用长线思维积累自品牌的建设历程，获取独家资源，包括能成为第一生产力的内容选题和食材、口碑、优质用户、合作平台、发展渠道、资本等商业人际关系。

各维度的构建要素，如图 4–2 所示的思维导图。

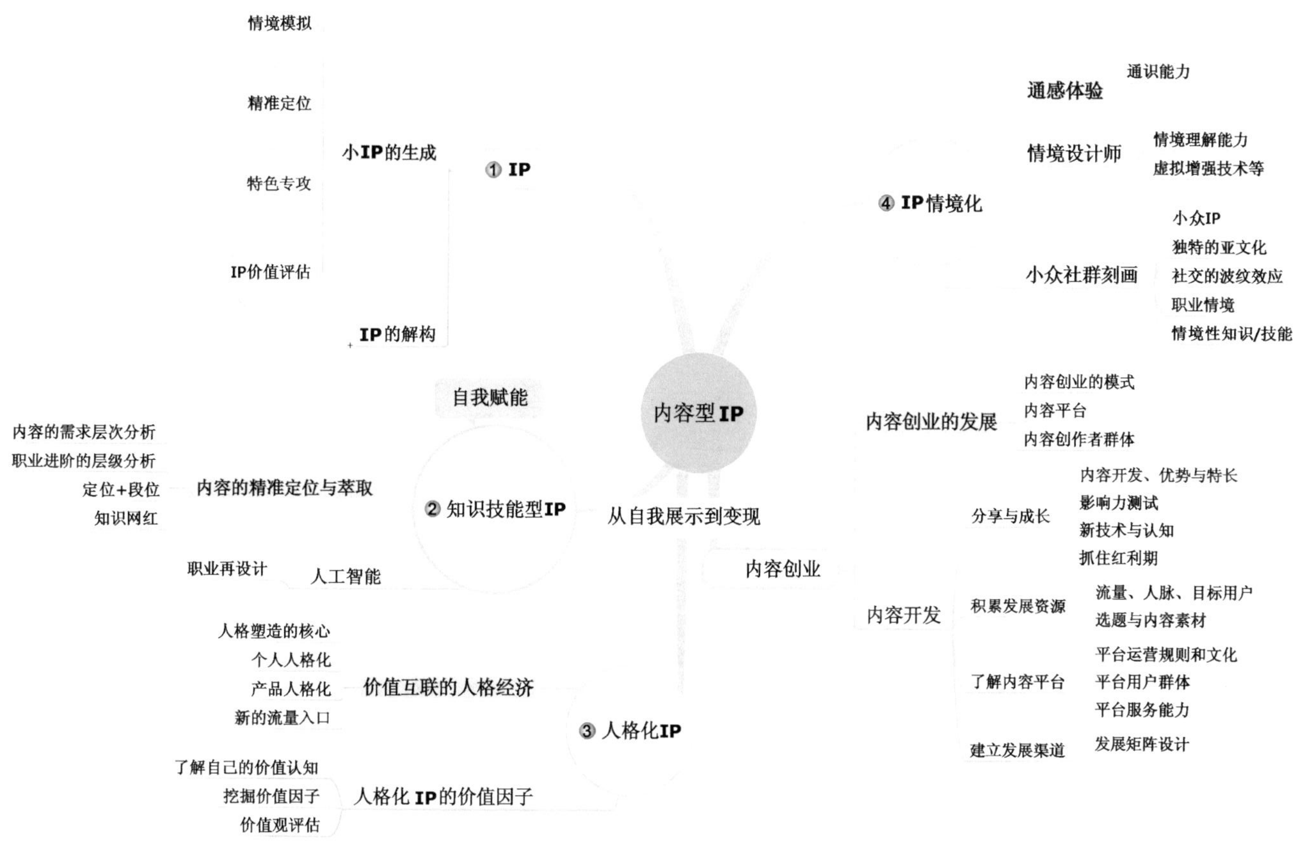

图 4-2　思维导图：内容型 IP 的设计

IP 经济的启示

从“IP”的养成切入，解构 IP 的含义和内容。

一个小 IP 的生成

作为一个军事题材爱好者，从 2015 年的《战狼》看到 2017 年的《战狼 2》，吸引我的除了电影本身，还有吴京是如何自导自演这个题材，以小 IP 逆袭成功的。

《战狼》这个“项目”吴京筹备了 7 年。在此期间，他一直在开发这里的军事情境。

首先，是自己进入情境——入境。

吴京曾在南京军区里和士兵同住同训练 18 个月，为自己的军旅电影做准备。《战狼 2》播出后，有老兵网友评论说，吴京的一招一式，如果没有在军营中的真实训练，是难以做到这么逼真亮相的。

其次，营造情境——模拟进入。

如何模拟？吴京选择了中国互联网军事类第一门户网站“铁血网”进行战略合作，这是这个项目筹划的最大亮点。如何打造？这就要洞悉这里有哪些情境是起关键作用的。

■ 有一群喜欢这个情境的参与者

境由心生，情境的塑造离不开人的作用。铁血网是一个军事垂直平台,“只做军品，只有原创”，是铁血网原汁原味的军事网络定位。在这个平台上有一群能从不同角度参与这个军事情境打造的人。

铁血网的创始人、总裁蒋磊是军事迷出身，历经十多年的时间，围绕网站的“军事”定位，开发出军事阅读天地、军事细分的社区、军事题材的游戏和电商等细分领域。而《战狼》与铁血网的定位高度契合，双方建立了战略合作伙伴关系，蒋磊全力支持《战狼》的筹备和拍摄。

笔名“最后的卫道者”的军旅题材网络作家高岩，是铁血网读书频道作品点击率最高的创作者，还有军人出身的网络作家“纷舞妖姬”和职业编剧刘毅，共同参与了剧本的撰写。

铁血网拥有超千万军迷注册用户。项目开发期的数据分析显示，军迷群体的数量和购买力都很强大。因此，很多营销策划都是针对提高这一群体的参与性而设计的。

引发军事“发烧友”关注的“军品装备”。“铁血君品行”是国内最大的正版军品经销商，为《战狼》提供了北斗手表、“龙牙战术”等顶级专业军品装备作为拍摄道具，确保影片装备效果真实。这吸引大批军事迷纷纷走进影院，“围观”我军先进武器装备，也为后来的票房热卖打下了前期基础。

■ 催生大批热议的原创话题

影片宣传发行过程中，片方通过铁血网进行武器军品装备研讨等一系列互动宣传，催生了一大批热议的原创话题，讨论内容点击突破千万，在军迷群体中形成了非常好的口碑。

在《战狼》中出现的“犯我中华者，虽远必诛”这句台词，直击《战狼》系列的核心情境，在战狼播出后，已经成为一句代表性的语句，为网友们广泛使用。《战狼》出品方把这句标志性语句印在了电影海报上，激发国家和民族荣誉感。

在《战狼2》海外撤侨事件后，影片的片尾，一个满镜头的中国护照背面，打出几行字，表达一个中国护照对中国公民的意义：“当你在海外遭遇危险，不要放弃！请记住，在你背后，有一个强大的祖国。”

这些话题都激发了情境中的热点、情绪点、历史痛点，让人们产生巨大的心理共鸣。

吴京说，自己不接拍大IP，他要把自己做成一个“IP”。从2013—2017年，4年间吴京主演的电影只有《战狼》系列的两部作品，他自己在开发，而不是快餐式生产。在打造小IP的路上，《战狼》的精准营销与深度开发，为观众提供了一个深入人心的情境，开辟了国产军事动作片的一条新路。

2015年《战狼》收获了5.4亿元票房。2017年《战狼2》跨越式地大升级，截至8月底，收获了50多亿元票房，成为一部有国际影响力的“爆燃”片。

在《战狼》系列发展期间，影视行业的大IP的市场浪潮也发生了新的变化。以“大IP+小鲜肉”的简单组合、“大IP+大制作”的标准配置，已经不能成为高票房和收视保障。市场开始回归理性，从追逐拍大IP，到精准评估一个IP的价值。

逆袭成功的小IP更注重对自己内容的精准定位，并做深度开发，获得市场关注度。

比如，《花间提壶方大厨》的定位是主打“美食”，《无心法师》的定位是专攻“特效”。

《无心法师》在网络上播出时与《盗墓笔记》这部大 IP 同期，从热度上来讲，《无心法师》这部小说远不及《盗墓笔记》这部超级网红小说。但是，《盗墓笔记》中的特效被网友强烈吐槽（特效也严重拉低了这部大 IP 的口碑），而《无心法师》精心制作的特效成为市场关注点。

小 IP 不同于大 IP，它们往往没有大 IP 强大的粉丝基础，没有明显的商业价值，也没有大制作成本的支持（吴京自导自演《战狼》系列的过程，投入了自己的全部身家，而且没有高片酬来吸引自带流量的明星等）。

所以，小 IP 可以在“精准定位”的基础上，进行“特色专攻”或“微创新”。

从“大 IP”的遇挫到“小 IP”的逆袭，“IP”变化的趋势后，带来的是什么启示？

IP，从 2015 年开始兴起，《芈月传》《琅琊榜》《何以笙箫默》等一批网络文学 IP 改编的影视剧获得了很高的观看数量。一部优质 IP 的版权费已经跨入百万元，甚至千万元时代，2015 年被称为 IP 元年。短短几年的时间里，IP 进入了快速发展的爆发期。到 2016 年，一些 IP 剧纷纷败北，喻示着 IP 进入了理性的评估期，呼唤 IP 的发展进入内容创作的精品化阶段。

吴京主张以“工匠之心”做电影，他评论国内电影行业的一些弊端，有些人员为了钱经常换剧组，甚至不做好交接，对自己的角色不能一以贯之，给电影的拍摄留下种种遗憾。

所谓“工匠之心”，从吴京对小“IP”的打造里我们可以理解为：我们可以把自己做成一个“IP”，开发属于自己的情境，寻找和等待自己的机遇和运气。

这是很多人都向往的一种人生境界：沉浸在一种情境里诠释好自己的角色，有自己擅长的地方，可以有所为，还有一群人和你一起营造、一起期待、一起揭幕、一起共情。

你若盛开，蝴蝶自来，你若精彩，天自安排。

作为一种近年来新兴的发展现象，“IP”带来的启示在于：

你可以进行自我开发，并能转化为商业价值，甚至成为拥有某一领域的影响力和带动效应的“头部 IP”。

当下原有的多年积累的头部 IP 资源已经被各家公司瓜分，但很多非头部 IP 中蕴藏的“潜力股”“种子 IP”开始以更好的性价比被市场看中，很多公司开始转向挖掘这样的 IP 来创造新价值。

那么，什么是“IP”呢？

如何理解和解构“IP”，实现 IP 价值的开发？

小结

1. IP 市场开始回归理性发展，从追逐大 IP，到精准评估一个 IP 的价值。
2. 小 IP 可以在“精准定位”的基础上，进行“特色专攻”或“微创新”。

如何解构 IP 的价值

IP，是一个个性化标签。

IP，是帮助我们认知身份的引擎。

在我的电子书《每个人都是 IP》里，对 IP 的相关定义如图 4-3 所示。

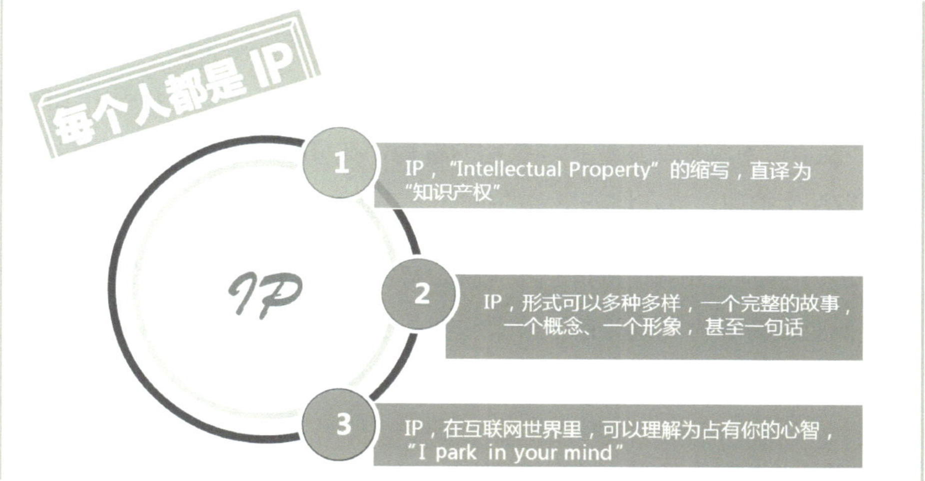

图 4-3 IP 的定义

- 对 IP 的理解，先从它的本义开始。IP，"Intellectual Property" 的缩写，直译为"知识产权"。

例如，在文化和影视行业是指原创性的知识财产，《盗墓笔记》《鬼吹灯》等优秀的文学作品就是典型的 IP。它们经过了很长时间的口碑积累，获得了庞大的粉丝基础，改编后被拍成了有号召力的 IP 电影作品。

在体育界，IP 是体育赛事的版权。知名的体育赛事 IP 如中超、CBA。目前中国体育市场发展潜力大，消费者参与热情高，国内也开启了创造本土体育赛事 IP 之路，在很多细分领域做出有品质和特色的赛事，则有机会成长为知名赛事 IP。例如，乐视体育曾经手握上百项顶级赛事 IP，每年 1.6 万场赛事版权，涉及足球、篮球、网球、高尔夫球、赛车等 22 个体育大项。

在商业界和其他领域，涌现出很多个人 IP。例如，创建了“罗辑思维”的罗振宇，就是典型的个人 IP。

IP 是原创内容，所以 IP 有两条衡量标准：只要你在某个细分领域有原创内容源，对特定人群构成影响力，你就可以努力成为一个细分领域的 IP。

例如，在《每个人都是 IP》这本书里，我列举了一个“金牌护工的逆袭”。她通过对临危病患的护理技能的掌握，在“临终关怀”这个细分领域里开发深度护理，也在培养更多的护工。

2016 年，是 IP 崛起的一年。崛起的背后，是互联网时代的变革趋势，个体商业逐渐成为主流，自下而上的变革越来越多。变革的引领不一定是来自于权威和大 V，每个人都可能成为 IP。

- IP 不只限于知识产权，应用形式可以多种多样。一个完整的故事，一个概念、一个形象，甚至一句话等。

例如，《盗墓笔记》《鬼吹灯》这些网络文学 IP，后来又发展出影视 IP、手游娱乐等多种形式。

影视业的 IP，一部网络小说、一个动漫形象、一首歌等，只要具备了知名度、粉丝群和变现价值，都可以是 IP。

美国迪士尼公司就是运营 IP 的高手，依靠米老鼠等深入人心的形象，不但拍摄动画电影，还创造了史上最成功的主题乐园。印有米老鼠等形象的玩具、服饰等衍生产品所创造的利润远远超过电影本身的产值。中国众多影视公司正以迪士尼为榜样，力图复制这一模式。那些具备一定知名度、拥有较多粉丝的作家作品成为影视公司紧盯的对象。

- IP 的形式越来越丰富多样，本质上是心智卡位的作用。IP，也可以理解为占有你的心智，“I park in your mind”。

比如，董明珠是超级 IP、企业家 IP。这不是因为董明珠的企业家标签、董事长头衔，不是这个身份后“企业规模、销售收入、员工人数”等标注，而是因为董明珠的极致追求和格力的产品品质，是她对质量的把控和女性的坚韧这些人格化的特质。这样的角色很多。

这是最打动消费者的地方，能够占有消费者的心智。

所以，当前两年国人蜂拥到日本买马桶盖、电饭煲时，董明珠隔空喊话——买中国制造的电饭煲，一样可以做出香喷喷的大米饭。我们信了，因为认可董明珠的特质。

创始人、企业家、专业的知识型工作者，都可以结合人格化标签 IP 化，发出独特而有引领价值的声音，通过输出自己的认知，来引领消费。

所以，IP 还要有应用场景，能刷新人们对某些细分领域的认知，占领用户的心智。

从个人 IP 打造的角度来解构 IP，从内隐到外显，是 IP 塑造的重要目标。

IP 化，可以从三个角度进行开发和塑造。

这三个角度是内容力（知识型 IP、技能型 IP 的开发）、人格化（人格化 IP 的开发）及情境化（IP 的应用场景的开发）。IP 化是为了实现内容创新，身份创业，如图 4–4 所示。

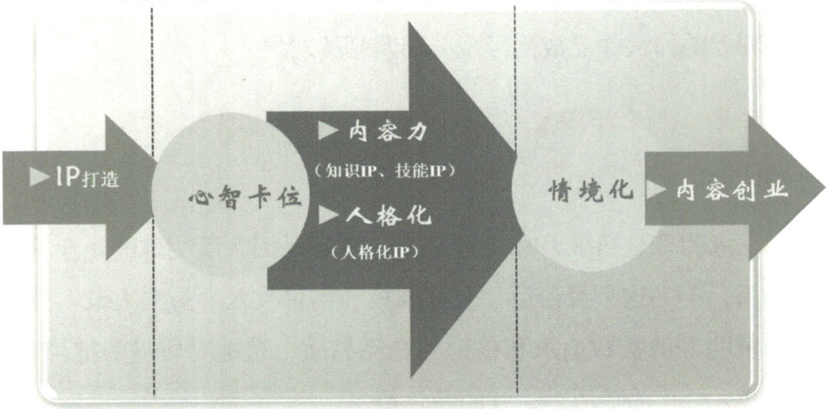

图 4-4　IP 的解构

小结

1. **IP 的定义：**“Intellectual Property”的缩写，直译为“知识产权”。IP 的形式越来越丰富多样，本质上是心智卡位的作用。
2. **IP 的衡量标准：**只要你在某个细分领域有原创内容源，对特定人群构成影响力，你就可以努力成为一个细分领域的 IP。
3. **IP 的解构：**包括内容力（知识型 IP、技能型 IP 等）、人格化（人格化 IP）及情境化（IP 的应用场景）等。

知识技能型 IP，创造极致

空袋难直立。如何让知识技能走向极致，在内容平台上建立专业权威。

做出自己的段位

2017 年《朗读者》开播，几个月里热度一直高涨，引发了现象级节目效应，豆瓣评分一度高达 9.2。节目火爆后，朋友圈又掀起了内容创业的一种新形式——“朗读者”。

我和几个朋友在一个微信群里聊起“内容创业”这个话题，当时无心说了一句“中国不缺‘朗读者’，而是缺少原创者”。说这句话时的语境是现在内容创造者少、内容迁移者多。几天后，群里发了一条“某某读书会”的广告，突然意识到自己那天无意间怼了这个“朗读者”。又过了几天，看到他在朋友圈里发了一张照片“女儿眼中的爸爸”。原来这是一位中年人，清晨坐在窗前，拿着一支笔，专心地在看晚上要讲给读者的新一期书目。他微微有些秃顶，弓着腰，一副很认真似乎要钻进书里的样子。

我心下立刻一阵内疚。用内容启迪心智，无可厚非。而所谓知识传递，首先就是有知识生产者和知识消费者，二者能够匹配。

比如，知识经济大咖“罗辑思维”的罗振宇，他的主张是“死磕自己，愉悦大家”，所以他把自己解读后的知识再传播给大家，获得了很多粉丝拥趸。

《朗读者》火爆的背后还是观众对于“好内容”的认可。

有一个老人，退休多年赋闲在家。她告诉我说，白天家里只有自己一个人，常常一整天都没人能说上一句话，每天最缺的就是能有人聊天。她甚至开始担心自己会得老年痴呆症。自从看了《朗读者》这个节目后，她很受启发，买了很多工作时想看而没有时间看的书，开始每天一个人在家读书，每天花 1 ~ 2 个小时朗朗地读书，自己和自己说话，自己给自己传递能量，让嘴能言、脑能想。通过这种方式，她影响了自己，避免患老年痴呆和孤寂感。

如果有适合的共享读书会能够参与，也可以使她从“独乐乐”向“众乐乐”升级。

因此，**内容可以根据需求者的不同而分层次，**有高地和洼地，只要两者之间有落差，就有传递的价值。**很多人都可以站在某个层次上成为内容原创者和开发者。换句话来说，每个层次的内容都可以开发得更加彻底，都可以有创造性，这样内容体系才更翔实。**

有一次，一个研究生毕业不久的初级咨询顾问，在项目结束后做总结时说，他希望做下一个咨询项目时，可以跟一个中级的项目经理。我们很奇怪，他为什么会有这样的要求。一般顾问们总是希望能被派去跟层级高、资历深的项目经理合作。

他解释说，他的项目经理就是这样的层次，水平很高，对于他这个初入门的“菜鸟”来说，落差太大，中间如果有一个层次，知识、技能和经验会更贴近，能给予他更多基础性知识和技能方面的指导。比如，如何做访谈、如何提炼访谈观点、如何快速了解行业、如何进行对标分析、商务演示报告如何呈现、如何应对客户的挑战等，一脑门子的问题。

资深的项目经理往往希望顾问自己能解决好这些基本问题，这已经不再是他们平时研究的重点，他们给予的指导经常是提纲挈领的，不一定会非常细致，需要顾问自己去领悟。这也是一种断层。从初级到中级、高级、专家级之间，缺少断层会导致缺少有效率的辅导。

图 4–5 所示为职业通道的分级，一般分为四个段位（Level），初级（入门层、成长层）、中级（经验层、带队层）、资深（公司内部的专家）、专家级（行业领域内的专家）。不同的人处于不同的层级，而不同的层级具有不同的知识层次。

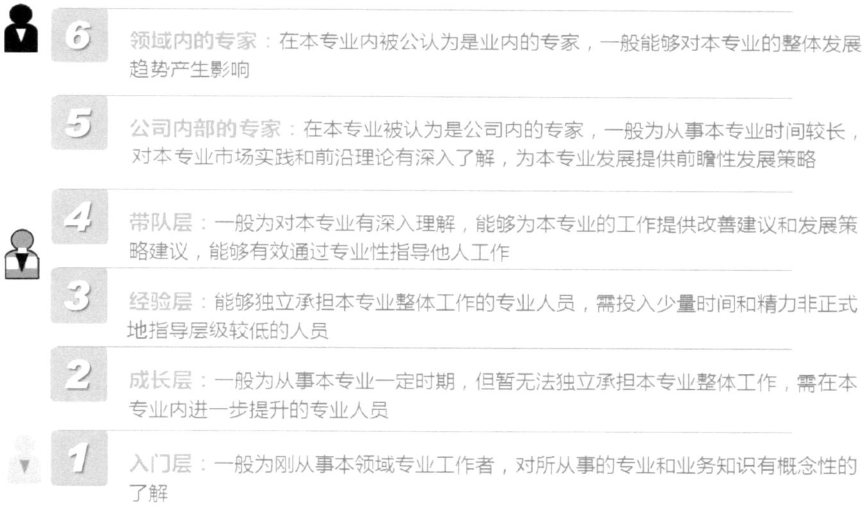

图 4–5　职业通道的层级

这个初级顾问处于 Level 1“入门级”，资深项目经理处于 Level 5“内部专家级”。而 Level 3、Level 4 的人，与这个顾问的需求最贴近，能输出最吻合他状态的知识和技能。

在互联网的知识平台上，充满了不同层次的需求，内容越能精准地匹配，就越有吸引力，越能有效率地传播。

知乎上的一个知友对“知乎 live”（语音培训）的发展提出了一个建议：在 Live 简介里，对演讲内容划分层次，说明适用哪个层次的受众群体。例如，一场和旅游主题相关的 Live，要分清是面向哪个层次的旅游爱好者，是“旅行小白”，还是有一定旅行基础的人，或者是旅游达人。一个资深玩家如果参加了一场主要面向没有自助旅行经验的小白讲的科普知识分享会，就会发生内容错位，他的满意度不会高，甚至还会给出差评。

互联网时代，每个人都面临内容供给过多、信息过载的压力，而游戏、影视娱乐、交友等各种 APP 也在瓜分每个人的时间资源。罗振宇说，信息过载而有效知识匮乏，减轻信息负载的生意肯定有得做。所以，今天大家不会为获取更多的信息而付钱，而只愿意为对自己有效的知识付钱。

有的培训平台，在做内容规划时请“思路上逻辑清晰，有某方面专长的讲师”来一起发展。这种价值主张的重点在于培养、开发内容型的个人 IP，即具有独特性、原创性内容的知识型 IP、技能型 IP 等。这是一种发展趋势，知识变现首先在于对内容的精准策划。

每个人结合自己的定位和分析找到自己的亮点，对知识技能进行萃取，做到精深，才能使自己的内容输出更有辐射力。

2017 年，谷歌公司的科学家吴军博士，在新书《文明之光》发布会上，针对互联网工程师的进阶与转型，分享了自己的心得。

吴军提出工程师进阶的五个等级，如图 4–6 所示。

这五个等级从影响自己，到能够影响团队、影响行业，以至超越行业、超越人类的文明成果，逐渐进阶。人们可以此定位自己当下所在的层级，明确知识技能萃取的方向。

1 影响人类的工程师：能够开创一个行业，如爱迪生

2 影响世界的工程师：致力于解决世界难题，大部分人可能到第三级就能获得较高的成就感，第二级工程师很难达到

3 影响行业的工程师：工程师能提一个比较好的解决方案。目前在中国少有工程师能够做到这一步

4 有产品意识的工程师：能够带领团队把问题解决掉。领导只管将任务下达下去，工程师负责执行，找三五个人把问题分解掉，并设计完成一个相对成熟的产品，不能仅是简单的技术展示

5 合格的工程师：对上级交代的任务不需要问别人就能独立完成，这是一个合格的工程师，依赖别人的帮助就是不合格

图 4-6　互联网工程师的进阶

在这个知识技能的层级表里，我觉得头部 IP 有两类：

一类是处于一级、二级，能够创造新知识的人，这样的人往往是少数，但是却给予人们创新创造的极大启示，开启新的心智模式。

比如，开创了智能手机的苹果 CEO 乔布斯，激发了人们开展创意工作的兴趣。人们一直在探究乔布斯现象，思考为什么中国出不了乔布斯，如何创造这样当量的价值，如何产生更多的有创意的产品经理、工程师、企业家和创新人才，设计引领世界的产品。他们是超级 IP。抛开对浮华标签的追求，这个层面的人应该赋予自己更高层次的使命感和社会责任意识。

另一类是在自己的层级里、某一细分领域里，把某些知识 / 技能发挥到极致，成为这方面的资深角色。这样的知识 IP、技能 IP，也会有很强的影响力和商业价值。如同小 IP 的突破，可以依据某一个特色进行专攻和微创新。

例如，一个集团公司的招聘经理，在他面试过程所需要的一些

专业技能里有一项是“无领导小组讨论”（见图 4–7）。他在 6 年的招聘生涯中，面试了 15000 个应聘者，甄选出 800 个面试者发出入职通知书。对这项技能的高频应用，使他积累了大量的经验和丰富的案例。他对这项技能的知识点、适用人群、使用技巧及案例等进行了深度萃取和应用开发，制造了培训课件等产品，成为这方面的达人、专家，进而指导人力资源工作者、管理者等受众群体。

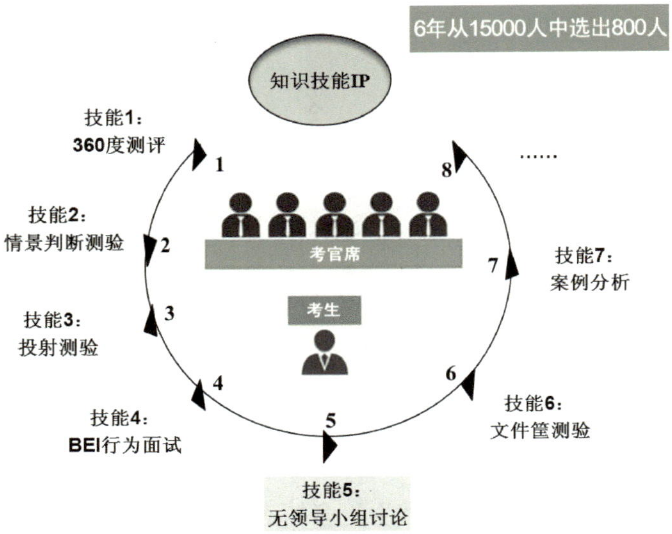

图 4–7　招聘经理的技能萃取图

这项技能也成为他的 IP，他不一定要晋升到更高 Level 的总监（也不可能每个人都能实现职务进阶），就能拥有一个资深级的身份。

我曾经和一个做医疗领域“互联网 +”创业的创业者沟通，他的商业模式是做医生资源的知识平台。在医生群体形成的金字塔结构中，培育医疗领域的“知识网红”——主要是中级医生。

对于金字塔底层大量的基层医生来讲，他们在疾病诊疗过程中，需要上级医生的带动、培养。例如，有的边远地区基层的超声大夫，可能会遇到不熟悉的病例，看不懂超声图。在这个平台的超声诊疗社群里，有来自北京医院的有丰富临床经验的超声大夫。基层医生把超声图放到群里，得到专家的指导，其他医生也会来帮助识图，在这个过程中也培训了更多的人。

这些医生很快吸引了很多粉丝，群里的提问也非常活跃，尤其是县级医生。中级医生参与互动回答的比例最高，是最活跃的群体。他们需要个人品牌，需要一个学习、交流的场景，需要保持话题度和影响力。

处于金字塔顶端的大医生，时间资源非常稀缺，很难参与日常的互动，可以发布教学视频和学术成果。

这种商业模式不同于“医生社区”的“一问一答”模式，是基于对医生资源的清晰定位形成的知识性平台。平台加强不同层级的医疗专家资源的互动、信息资源的流通，让金字塔上下贯通，帮助大医生输出资源，帮助中小医生成长，形成一个学习与指导良性循环的医疗圈。

现在市场里的信息很多，但是缺少权威性的高品质内容。知识网红的打造，能够调动专家的积极性，也是平台吸睛的好方法，加快专业知识的学习和传播，厘清市场里非专业的杂乱声音，净化市场。

例如，微信公众号已有 2000 万粉丝、全年阅读量高达 5.6 亿、长居健康类公众号之首的“丁香园”，面向医生群体推出“丁香公开课”和“丁香咖播”，通过“直播 + 点播”的“组合拳”挖掘“网红医生”，打造“科普 IP”，在医疗垂直领域布局，抢占内容 IP 的高地。

在此可以再理解一下“层级”的概念。其实它不意味着某种“等级”，而是“定位 + 发展空间”的组合，让社会的人才结构从“金字塔型”向“橄榄型”转变，从少数精英到各行各业成长出更多社会中坚。

随着知识平台、内容创造平台的崛起，眼光放宽，为自己工作，为未来储备，主动自我赋能，是一种自觉意识的崛起。只有做到极致，才能在内容创造的平台上，指导、影响更大的市场，产生放大效应。

大众创业、万众创新。每个人以自己为原点，找到自己的优势后进行创新，那么整个社会产生的推动力是巨大的。

2016 年 10 月，中国正式宣布申办 2021 年第 46 届世界技能大赛，申办口号是“新青年、新技能、新梦想”，引导全社会崇尚工匠精神、厚植工匠文化。这场世界级的职业赛事共设置了六大类 50 个左右的比赛项目，包括“结构与建筑技术、制造与工程技术、信息与通信技术、创意艺术与时尚、社会与个人服务、运输与物流”等。如图 4–8 所示。

图 4–8　世界技能大赛项目

特别之处是，在这些项目中，既有飞机维修、移动机器人、数控铣床这些“高精尖”的比赛项目，也有平日生活中处处可见的技能比拼，比如，烘焙、美发、花艺、网站设计等。预计会有数十万人去现场观看，会有众多国内外媒体采访和传播他们背后的精彩故事。这里面或许会涌现很多网红和好的 IP。

对于多重身份的人来说，即便是你的兴趣爱好、副业，如果发挥到极致，也能坐拥市场，成为一个 IP。比如，有的人拥有吃螃蟹的极致技能，让蟹肉的损耗率最低，这个人就成为螃蟹商的代言人。再比如，当你成为资深的旅游爱好者时，就可以在旅游服务共享平台上，成为“旅游顾问”，之后可以让爱好变现。

乔布斯被贴上“产品经理”的标签，因为他对产品的极致、专注和热爱，让他取得了登峰造极的成就。移动互联网时代，每个人都是网络的一个入口，都能拥有在网络上用身份创业的机会，开设公众号、建立社群或营销自己的产品。但是，很多人泛泛的行为在网络上激不起多少涟漪。影响力和强大的商业变现能力往往聚集于拥有优质内容的人，这也是互联网时代新的“二八法则”。

现在很多领域，都有非常多的空白点和盲点。网龙网络首席知识官唐兆希认为，很多行业的隐性知识没有被挖掘出来，事情的本质不是我们之前看到的样子。他说，我希望自己成为一个“再设计师”。

精准思考自己的定位和内容价值，努力达成极致效应、破茧而出，才能拥有独特标签和辨识度。

除此之外，还有两类发展路径，一类是成为复合型的人才，从现有层级里跨界。那么，原有的知识技能的结构就需要补充完善，需要积累的人际关系资源的走向也会发生变化，时间和精力的投入比例也要做相应的规划。

如果你在互联网行业工作 5 年以上，依旧是一个小工程师（如五级工程师），而精力、体力可能都不如年轻人，就会有转型的压力和迫切感。

吴军博士对工程师的转型提出了四个方向。结合这些方向，我们来设计原有知识结构的发展重心。

第一，做产品经理。工程师转行做产品经理，是比较常见的一种转向。

产品经理需要团队的合成力量，需要时刻面向用户的体验。工程师在知识技能方面需要补充团队管理、人文素养等方面的知识和能力。

第二，做技术销售。在中国，技术销售算是一个新领域，不再只是依靠销售技巧、关系维护，而是谁能把这个事讲清楚，谁就能获得客户。比如，在英特尔公司，半导体的销售基本上都是技术销售，研究半导体的博士来做这份工作，能够将产品特点以更专业的方式传达给客户。对于今天的中国工程师来说，这是一个新的机会。

技术销售能发挥工程师的专业技术背景，对产品的介绍更深入，并且能和用户深层次互动，增强销售的质感。但是，技术是定语，销售才是主语，销售是一个外向型工作。工程师的知识技能结构需要补充沟通管理、人际理解、商业运作能力等。

第三，成为一个管理者。在做不了技术的时候，还可以选择做管理，当然也可以自己创业。

工程师的知识技能结构，将从专业能力转向管理能力，不再是自己在电脑前编程序和搞研发。吴京在接受采访时说，自己从武打演员转型做导演后，还去长江商学院读 EMBA。

第四，转型做投资人。在我们国家，有很多投资人都是工程师出身。投资是一件风险和收益并存的事情，所以一个人一旦选择做投资，要么做好，要么就别做。

投资人要能承受不确定性，要培养商业嗅觉。

有的 IT 工程师建议说，如果以后想出来创业，那么在从事开发工作期间，应该尽可能地争取一些项目管理的机会，而不是一头扎在技术里；通过项目积累人际关系和产品方向、投资方向，多接触其他投资人，进入这个圈子来成长。

这里，还可以给吴军博士补充一条。第五，转型做咨询顾问或讲师。

工程师往往是在某个企业从事某方面的工作，但咨询顾问或讲师，却要面向多个企业客户。所以，这个方向的特点是需要不断学习新知识、新技术、新信息，增加项目管理、培训管理、知识管理的能力。

最后一类，就是知识技能被新的科学技术替代，这就是人工智能。这是每个行业都要面临和未雨绸缪的事情。

知识型 IP、技能型 IP，往往都有自己的独特性和一定的深度，从泛泛的身份、头衔中找到精确的定位，深化自己的内容力标签。这种内容型 IP 的打造路径，如图 4-9 所示。

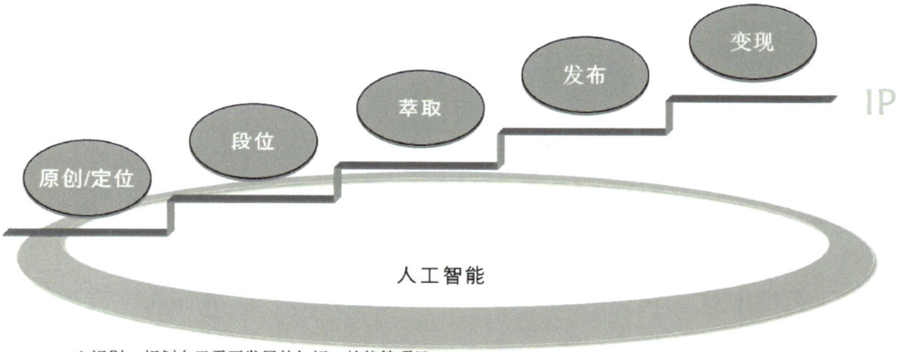

◆识别、规划自己需要发展的知识、技能等项目

包括：________________

◆对项目内容、知识点、受众人群、经验技巧及案例等，进行深度萃取和总结

包括：________________

◆对项目进行应用开发和包装设计，产品化、工具化

包括：________________

◆分析、确定相匹配的发布平台和策略，保持跟进与评估

包括：________________

图 4-9　内容型 IP 的打造要项

小结

1. 找到知识传递的价值

首先，有知识生产者和知识消费者，二者能够匹配。

其次，内容可以根据需求者的不同而分层次，有高地和洼地，只要两者之间有落差，就有传递的价值。

最后，在知识通道上，找准某个层次成为一个内容原创者、开发者和传播者。

2. 成为内容型 IP

有意识地绘制自己的职业进阶和知识技能层级表，明确自己的定位，找到知识技能萃取的方向。

确定自己努力的目标，评估自己能做到哪种程度、达到哪种高度、成为哪种角色。

人工智能将替代什么

人工智能时代，某些职业、某些知识技能将被新技术替代，特别是依照制度流程重复性进行的工作。

我曾经遇到一个企业的老板，他很认真地询问我能否派一个咨询顾问做他的专职秘书。这是一个很特别的需求。

产生这个需求的背景是，每次这个企业里一些重要的迎来送往的接待活动都令这个老板不满意。他是一个脾气火爆的人，所以每任秘书都干不久。老板希望对于不同类型、不同层次人员的接待，应该有不同的场合、方式、预算和接待安排。身边的秘书像走马灯一样地换，所以他的要求不能沉淀下来，形成一套管理制度和流程。

他希望我们的顾问能一边跟随他，一边观察和总结每次任务的安排，然后提炼总结成符合老板文化和意图的制度流程。

关键的是，因为这个“使命”，这个顾问的价格就比普通秘书高多了，从一个“任务执行者”到一个“任务管理者”，角色发生了变化。

姜汝祥老师曾经对“秘书”的常规工作“会议安排”做了一个细致的“切片”，把它分为了九段（见图 4–10）。

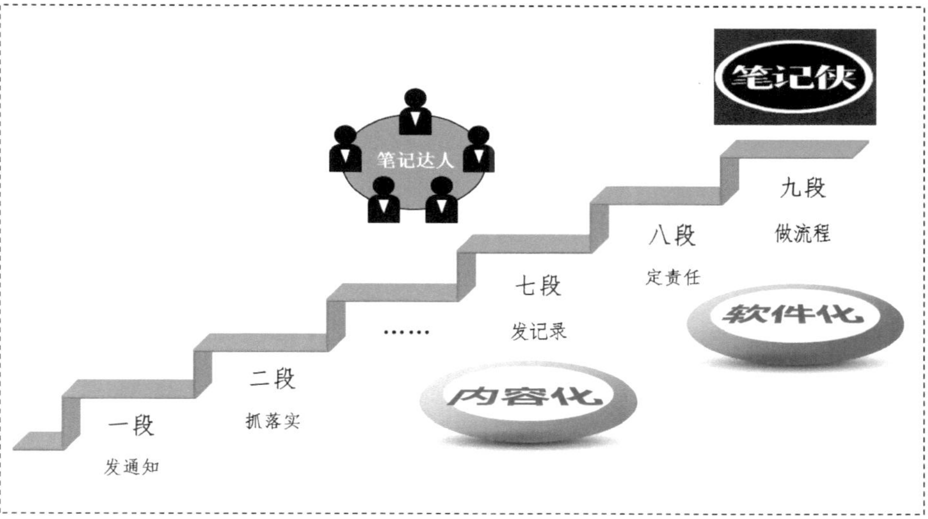

图 4–10　九段秘书的演变

九段秘书中的前八段：发通知（一段秘书）、抓落实（二段秘书）、重检查（三段秘书）、勤准备（四段）、细准备（五段）、做记录（六段）、发记录（七段）、定责任（八段）。

这八段是指秘书在安排一次工作会议时的不同做法，都是围绕一项任务不断地跟进。“第九段秘书”的做法则不同，他上升到能管控、管理这个事项的高度，是做流程（九段）——把上述过程做成标准化的“会议”流程，让任何一个秘书都可以根据这个流程操作，形成不依赖于任何人的会议服务体系，并且还可以培训复制符合要求的优秀团队。

九段秘书的工作本质是，把模糊的工作显性化：

- 通过流程图和流程说明，将流程中每一环节的工作程序和工作标准等描述清楚。

把重复的工作标准化：

- 将每个环节的工作成果标准化、模板化，通过规范表单和提供参考格式，尽可能降低不同个体工作成果的差异程度。

未来，这种标准化、重复性的工作，很多都可以通过软件、人工智能等来安排。

例如，现在很流行的“Keep”健身教练，就是把健身房里的健身教练的工作内容和分析方法（如各种健身数据）通过软件变成了共享工具。每个人都可以通过手机 APP，按照标准的健身流程，完成各类健身目标。

现在共享办公、远程办公等商业模式的兴起，极大地减少了秘书、前台等行政资源的投入。

日本开设了世界上第一家机器人酒店“Henn-na”，这家酒店配备了各种怪异的机器人服务员。在大厅里，看不到一名员工，客人通过提示办完入住手续后，将由机器人引导其到客房。客房通过脸部识别系统进出。在存包处，还有机械手帮助客人将行李放入柜子。

人事管理的事务性工作也已经出现共享平台 APP，提供信息化服务。

诺姆四达人才测评集团预计，人工智能时代，制定基础制度与流程的人力资源管理者的工作将面临重新规划。目前，好莱坞已经能做到用人工智能一个小时拍出一部科幻电影，10 分钟自动写出一个符合用户口味的剧本。对于公司基础的制度、流程、方案，只要你输入所在的行业、公司规模、制度的严苛程度、老板的期望等要求，系统会自动生成一份符合你公司需求的制度 / 流程 / 方案 / 规范等。低端人力资源工作者需要升级为能够设计符合不同文化环境、更具创新性的制度的管理角色。

九段秘书，如果把流程工具化、软件化，就可以发展成为平台的角色。

百度百科里对人工智能的定义：

> 人工智能（Artificial Intelligence，AI），是研究、开发用于模拟、延伸和扩展人的智能的一门新的技术科学。它属于计算机科学的一门分支，包括语言识别、图像识别、自然语言处理、机器人和专家系统等。

未来几十年人工智能的发展对低创新性、重复性的工作产生的替代效应，会迫使人们重新设计自己的职业。在本书前面的“认知模式的变革”中谈到，认知技术和职业将会有更好的整合。

国际著名管理咨询公司埃森哲曾提出：到 2035 年，人工智能将帮助美国、日本等国家提高 40% 左右的生产率。

2017 年 8 月，国务院下发《新一代人工智能发展规划》，到 2030 年，要占据全球人工智能制高点，国家在竞争力方面要实现整体跃升和跨越式发展的目标，为我国未来几十年经济繁荣创造新的增长周期，实现第四次工业革命的弯道超车。

从国家的顶层设计到各类职业发展，人工智能会持续带来多少创新和变化，也应落入对自己职业和工作规划过程中的战略思考。拼内容的时代已经来临，在职业发展中应侧重寻找高价值点和能发挥创造性的领域。

前几段秘书，沉浸于事务性角色的定位，都不是好的定位，应转向内容型秘书。

其中，位于第七段位的发记录的秘书，可以深耕成长为“笔记达人”。“笔记侠”是一个自媒体平台，专注于搜罗每天全国各地沙龙、会议等活动中的嘉宾演讲，然后派单给活动举办城市的笔记达人，由笔记达人来完成现场记录和文章输出，分享给读者。

在社交化时代，沟通和写作能力越来越重要，是很多自媒体热衷深度开发的价值点。

小结

1. **人工智能的替代效应：**人工智能时代，低创新性、重复性的工作面临被替代。
2. **增强新职业设计：**结合新技术的发展，规划、开发具有高价值性、创造性的工作内容，寻求新增长点，避免职业风险。

人格化 IP，创造个人魅力

揭示人格化在 IP 经济、人格经济中的独特价值和魅力。

人格经济，新的投资热点

在《每个人都是 IP》这本书里，我提到“人格化 IP 往往是最难塑造的 IP。某种程度上，也是内容型 IP 的一种升级”。

优质的内容还要能承载独特的价值观，吸引内在价值观相同的人，产生理念共鸣、情感共振。而价值观可以跨越地域、种族、文化，甚至时间的阻隔，穿越到人们内心深处，实现人与人的互联。

人格塑造的核心，就是传递输出价值观。

2017 年，Newrank 公众号发现了一个新的 IP——“开车大神”，身份是“写诗 / 汽车类短视频创作者 / 司机”。这几个身份是融合在一起发生化学反应的，通过独创的“押韵体”诗来解说短视频内容。

“秋风瑟瑟岁匆匆，久散人西东”“青竹沙沙风起处，只闻桂香不见树”……将传统诗词做创意变更，无缝融入视频场景，让现代内容与传统文化碰触，混搭组合反差体验，原本简单的交通视频变得别开生面；在微信上线不到 3 个月就达到每篇点击超 10 万的水平，视频上线半年就快速吸引了 300 万微信粉丝。

能持续用这种烧脑的方式推出视频，背后是“开车大神”的个人爱好，自小就喜欢诗歌，平仄押韵的诗歌语态让他着迷。这份热爱和积累是短视频创作的源泉。

形式创新的背后是视频内容的价值。例如，“雾霾天行车”的实用教程视频，雨季期间司机“出行如何防滑”等，都受到了粉丝的一致好评。“开车大神”还按照车种、违法行为、行业等进行内容的垂直细分，以深耕细作。

良心之作的内容背后是传递“平安出行”的价值主张。当前复杂的交通状况、交通安全不容忽视。“开车大神”广泛采集事故案例，借力一个个富有感染力的故事，用独创的“押韵体”解说，把“生活场景化”，打动用户的痛点。

在他看来，IP 自建的关键在于人格化，打造 IP 的人格化价值，才能获得深度认同。

“开车大神”已获得两家投资。投资方表示对孵化“开车大神”这个 IP 非常有信心，因为基于庞大的汽车内容生态圈，而且在竞争日趋白热化的汽车类短视频领域，“开车大神”能够深耕产品的 IP 价值，源源不断地传递优质内容，潜力是巨大的。

人格化，可以是一个人的人格化，还可以是产品的人格化。

一个卖鲜鸡蛋的农民在电商网站开了一家店，不只是买鸡蛋，还有鸡蛋的故事。

他的鸡蛋是有机的，他用特别的食材来喂养他的鸡，并且隔夜送货，来保证新鲜度。然后，他在网上写“养鸡日记”，用故事来让顾客了解鸡的情况。比如，他把自己设计的质量测试照片贴在网上：他把牙签插进蛋黄里，如果蛋黄足够坚固能让牙签直立，意味着鸡蛋的质量非常好。顾客因此对他的鸡蛋产生了浓厚的兴趣，并且以高价持续性地购买。

“三只松鼠”人格化的品牌形象，动感卖萌的动漫设计，获得了用户的青睐。

“欧派高端全屋定制”服务号设计了“双欧”CP 的 IP 形象，建立了与粉丝沟通互动的情感基础，人格化 IP 为产品赋予了一种人格魅力。

“嫦娥三号”探月，微博上一只“卖萌”的玉兔以第一人称进行报道，普及大量科学知识，激起人们对科学的探索欲望……

人格化，就是社会关系中一些带有人情味的、感性的东西。“本周的天空颜值高”（蓝天白云无雾霾），这是来自北京的天气预报播报，让人不由得展颜一笑。

内容逐渐向人格体演进。在人与用户的交互中，人格特征的商业价值越来越凸显，人格化 IP 逐渐成为新的流量入口。它能让别人对你产生依赖感、亲近感，还能带来深刻的印刻效应，激发无限的能量。

罗振宇说，用人格来带动产业价值链，是一个非常重要的趋势。这是继网红经济、IP 崛起带来的新形态——人格经济。因此，人格化 IP 也是投资的新热点。

人格化的价值因子

工业化时期的“组织”追求共性。比如，统一的职业装和公司价值观、标识等，一系列的文化符号、心理暗示和行为规范。一个新员工入职一个公司时，往往要先进行这种洗脑式的培训，在长期的工作中慢慢习惯于从众，价值认知受到环境的影响。符合公司、领导、他人的期望常常掩盖了自己的价值认知。

当人们离开公司里按组织结构形成的同事、上下级等关系，人与人之间能够相互吸引、相互组合，一起相守，依靠的是观念、情感、兴趣等，追求的是个性。因为价值观对人的心智有锚定的作用，所以价值互联的关系具有更稳定的黏合度。

价值认知是自我认知中的最高阶段，抽象、不易觉察，而且容易存在认知偏差。

人格化 IP 的打造，首先要了解自己的价值认知，挖掘自己的价值因子，即你构建的内容 IP，需要在用户 / 粉丝心目中打造什么样的心智认知。

获得过奥斯卡金像奖的电影导演李安，在拍第一部电影《推手》时，找到了自我归属感。他第一次感觉到“拍电影是我生活的一部分，以后我就这样过日子了”。

之后，他透过拍片来自我解剖，从表现自己的显性观念开始，到逐渐摸索、碰触自己隐性的、潜意识里的一些领域。

例如，他选择的电影这个职业是做校长的父亲最不喜欢的行业，父亲希望李安能到大学教书或学而优则仕，走“比较正常”的路。这让他的潜意识里始终有种罪恶感，在内心深处累积了很多的委屈、抱歉和无奈等心理，而这些复杂的感受与挣扎都反映在他的影片中。他拍出来的“父亲三部曲”，完成了对中国“父亲形象”的探究，体现了对父亲的情怀。李安说：“对我来说，中国父亲是压力、责任感及自尊、荣誉的来源，是过去封建父系社会的一个文化代表。”“一方面，我以自我实现与之抗逆；另一方面，我又因未能传承而深觉愧疚。”

随着一部部电影的完成，父亲压力的阴影从李安的体内逐渐涤除。李安探索之后完成了对自己的净化与救赎。向内心深处探索，这让李安对自己也始终保有一种新鲜的“处子感”。

人格化 IP 是优质内容的引擎，是 IP 的根和灵魂。褚橙的特质不是汁多肉美的橙子，是褚时健的人格化特质赋予褚橙的一种人格形象——励志。

构建人格化 IP，需要提升价值认知的能力，对自己进行“价值观评估”：

- 我想体现的价值观是什么？
- 对我的用户 / 粉丝会带来什么样的影响？
- 我在建立一个怎样的形象？我想成为什么样的人？

小结

1. 人格化 IP 是优质内容的引擎，是 IP 的根和灵魂。人格塑造的核心，是价值观。
2. 人格化 IP，需要提升价值认知的能力。价值认知是自我认知中的最高阶段。
3. 人格化 IP 逐渐成为新的流量入口，是投资的新热点。

做情境设计师，创造 IP 情境

款曲轻弹。如何刻画入情入境的情境，激发多维的创意性思维？

独特的通感体验

如果说，优质内容是 IP 的价值，人格化是 IP 的灵魂，那么情境是 IP 活色生香的展现和绽放。

“PPT”制作达人、知识型 IP 秋叶总结自己的体验说：“什么样的人适合做 IP？有受欢迎的专长，还有传播能力。”

在这个信息爆发的时代，各种碎片化的信息、APP、小程序让人们习惯于快餐式的生活，很多体验都是昙花一现，很难留迹。

在《APP 一代：网络化科学的新时代》里，哈佛心理学家霍华德·加德纳把这一代年轻人定义为 APP 一代。

APP 已经在某种程度上内化为他们的思维框架。他们不仅在技术上寻求直接、快速、简单的解决方案，甚至期待人生的方方面面也都像 APP 一样，快速、高效，即时满足，告诉你怎么做、如何做，别人是怎么想的，你应该如何感觉，你对自己应该如何感觉。

在这样的生活模式下，仅有优质的内容有时也不一定能吸引足够的关注。内容不仅需要人格化的载体来触发情感共鸣，还需要刻画“情境”让人能轻松“入境”，唤起体验，激发感知。

2017 年 8 月，《如何假装成一个好妈妈？》在朋友圈疯狂刷屏，单篇 1300 万阅读量，粉丝从不到 5 万暴增到 42 万，成了超级爆款。这篇文章出自公众号“樱桃画报”，该号运营一年后，还是一个只有 1.5 万粉丝的小号，在爆文之前阅读量也不高。

在公众号“新榜”的专访中，创作者分析了爆款产生的原因和自己的创作过程。

> 第一，标题写的是“如何假装成一个好妈妈？”，内核是表现当今妈妈们带孩子的不容易。这一点极易引起共鸣。
>
> 第二，有反差喜感的老海报和有个人风格的吐槽语言，让整个内容看上去很有趣。
>
> 本来我想写一篇普通的育儿内容，上网搜索一通后，结果看到了一些“文化大革命”时期的老海报，画面里有妈妈、有孩子。海报上时代更迭形成的反差很有喜感，有一些挺符合我想说的内容，所以我就打算不写长文了，而是弄一篇图多文字少的幽默内容。我开始搜索更多的图，有的图是匹配我想表达的内容，有的图我会根据画面内容去想可以表达的内容。
>
> 第三，内容轻。图片多，文字少，让整个内容看起来活泼、轻松。大家在很多场景下都会有耐心把它看完，并且马上谈论传播。这一点是很多纯文字内容很难做到的。

从这款爆文的情境开发中可以看出，在本书前面的“复合型人才”的知识结构中，为什么“通识能力”会成为现代人才的核心能力之一。文化、艺术、美学等，都能帮助对情境的理解，实现通感的表达。

比如，有很多人开始在文章、图书、演示文本中，用手绘体的 PPT；在朋友圈里，用一手好字写出心得，拍照发出。没有了大家通用的规范格式后，原汁原味的精美个性和独特审美，常让人耳目一新、欣赏不已，感觉见字如见人，引起了阅读和关注的欲望。

我是《哈利·波特》的粉丝，书里刻画的很多形象都非常喜欢，他们都有不同的象征意义。作者罗琳创作这些形象，是将一些通感具象化了。例如，“摄魂怪”所到之处一片冰冷，能吸取人的欢乐和美好，给你留下一生中最坏的记忆。这是罗琳把自己一段“抑郁症”的经历体验，设计成“摄魂怪”和它的特质。这种通感的表达创新让人印象深刻。

现代社会虚拟社交的范围越来越大，包括粉丝、用户等大量不可能都一一谋面建立连接关系，情境能让彼此的交流变得更容易“看得见”“摸得到”，满足人们身临其境的体验需要。

因此，“情境设计师”这样的角色，也在很多领域应运而生，以情境理解为基础，发挥创造性思维和共情等能力。

《海峡旅游》把自己定义为“旅行情境设计师”，捕捉、开发旅行中能令人心动的情境。比如，某个夜晚灯光下那自然生动的梨花、桃花、溪流；百年老宅前摇摇游过一亩方塘的鸭子；泉州夜里有瑕疵却真性情的一曲南音……

情境的捕捉，关联的是感受力、敏感度和审美能力。

情境理解力主要是依靠右脑的思维模式，非线性思维、直觉判断和全局把控（系统思考），偏重于感性思维。左脑代表的是逻辑和线性思维、顺序组合、分析判断，偏重于理性思维。

现代人在忙碌的节奏和压力中，常常习惯的思维是做逻辑正确的事，忽略了做有感觉的事。那么，什么能让人更有感觉呢？可以从图 4–11 所示的左右脑的思维模式图中，细致地看一下右脑的艺术与创造性活动。

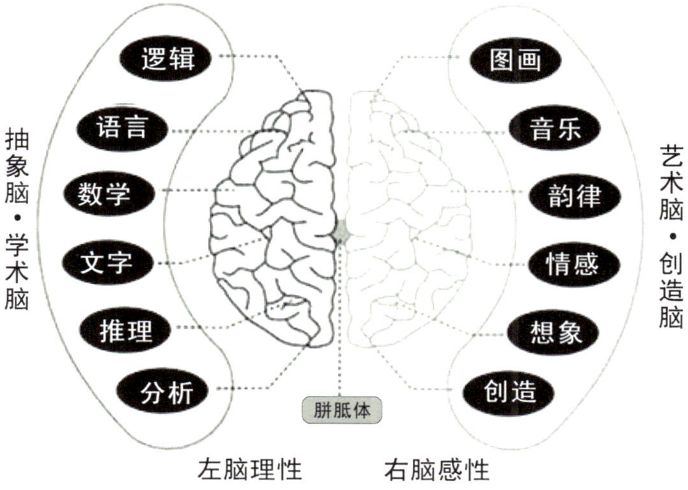

图 4–11　左右脑的思维模式

随着人工智能的应用，很多依靠人类左脑进行的工作将被替代，这些工作被简化成软件程序。

语言性的工作“翻译”就是典型的一种。谷歌在 2016 年 9 月宣布推出谷歌神经网络机器翻译系统。它模仿了人脑的表达模式，能把一句话中所有词汇的语意融合在一起分析理解，而不是像传统翻译机器逐字逐句理解词汇，却难以理解这些语句组合在一起的含义，所以准确率几乎与人类无异。

开发出“阿尔法狗”的谷歌，也开始研究用人工智能解读唇语。他们给机器观看了 5000 小时的 BBC 新闻，然后找来人类专家对决。机器初步学习后的测试结果，准确率已经超过人类3倍。嘴唇轻动，人工智能便知心意。

2017年6月，中国的科大讯飞公司，发布了全球首款实时中英互译神器："晓译翻译机"——中文进，英文出，实现瞬间同传。在未来，晓译翻译机还将不断拓展，包括日语、韩语、俄语、法语、德语等多种语种，为人类的沟通扫除障碍。

这些都是代表时代变革的跨越式进步。

美国畅销书作家丹尼尔·平克在《驱动力》里写到，经济发展的动力将从"左脑能力"转移到"右脑能力"。

开创了计算机历史先河的乔布斯是一个伟大的产品经理，他对产品的美学设计的要求超过了功能设计。他会先看产品的外观设计，再看工程设计，如果前者达不到审美要求，后者再好也要返工。为了提高自己的审美认知和品位，他曾经参加世界设计大会，了解意大利的审美思潮，聘请德国的工业设计大师。唯美主义和人文关怀，是乔布斯对产品设计的极致追求。

注重对产品、文章、内容等情境的设计和开发，能激发人的艺术感觉和创造性，以及对通识能力的培养。

如同你想给自己起一个有意境的ID名，翻阅诗词歌赋、古文典籍，在这个探索的过程中，就积累了一种文学体验和感受到不同的意境。

不仅人文艺术类的视角能帮助人理解和开发情境，历史、哲学等视角，也能帮助人展开想象空间。

历史会让人跳出当下，扩展视野和提升格局；哲学会让人脱离事物表面，思索本质和意义。

2016年，G20杭州峰会在中国举办。峰会的主题为"构建创新、活力、联动、包容的世界经济”，二十国集团成员和嘉宾国领导人及有关国际组织负责人都应邀与会。

在 G20 的音乐晚会上，演奏了中国的《春江花月夜》《高山流水》等中国名曲。伴随着《诗经·小雅·鹿鸣》的童声诗朗诵，人被带入唐诗和历史的古老意境。晚会还有西方的《天鹅湖》《月光》等经典乐章。

峰会转换情境，在“轻松、理想”的色彩下，让各国领导者思考自己对人类的责任以及创新，然后从长视角再转回到对商业情境的探讨中。

苹果手机的设计有一种简约美，这来自乔布斯对禅理的领悟。他热爱东方宗教，喜欢参禅打坐，排除不相关的事物，保持一种专注。乔布斯的家里曾经几乎空无一物，连沙发也没有，他独自席地而坐，删繁就简，坐怀空谷。

在情境设计中，数字化时代的新技术也被用了起来，比如虚拟增强技术等。

在北京市一个小学的天文馆里，关上灯，抬头看，一个无垠的“星际世界”便展现在你眼前，似乎触手可及。这种虚拟再现必将激发学生强烈的好奇心。伴随着好奇心而来的，是一个又一个问题与主动探究：这是什么星系？那个星球叫什么名字？星球之间是如何和谐运转的？

在上海市黄浦区的一个小学里，打破传统“教室”的是一种场所的理念，即开拓多维教学空间。提升学生艺术能力的“云展馆”——利用“虚拟成像”“增强现实”等技术对优秀学生书画及手工作品进行展出；提高学生科学素养的“vava 实验室”——利用现代信息媒体技术将自然学科的学习内容立体化、全方位地呈现给学生；激发学生阅读兴趣的“彩云阅读”——将阅读新书的推荐和优秀读后感的分享推送给学生……

新技术的应用打破了传统的教学活动的设计模式。老师不仅是按照书本传道授业、教书育人，而且还要成为善用这些技术的“情境设计师”，与数字化时代生长起来的学生同步发展。据“当代教育家”预测，在教育行业，“教学时空设计”将成为一项新能力，而缺乏这种能力的老师可能会被淘汰。

那么，到这里可能会产生一个疑惑：情境性的开发，除了掌握图文工具等技术活以外，似乎大多时候依靠直觉性的思考、抽象性的思维。如何才能让这一过程更可控？有哪些理性的思维可供使用呢？

小结

1. 情境的设计，运用美学、文学等各种人性化的表达方式，进行通感的表达。
2. 情境的捕捉，关联的是感受力、敏感度和审美能力。
3. 情境设计师，着眼于提升人们的体验，创新性地运用多种视角和技术开发情境。

小众社群的应用情境

对情境的捕捉和挖掘，需要长期的专注。爆款往往是妙手偶得、不可复制，但对应用场景和目标人群的深刻理解，会帮助你刻画出情境，引起受众的共鸣。

“樱桃画报”的创作者在做公众号之前，就想明白了要吸引的人群，这是它对目标人群的画像：

> 女性用户，25 ~ 40 岁之间，因为她们容易被打动，乐于分享内容。在审美上有追求，有情趣，排斥纯鸡汤。同时消费能力强，利于公众号商业变现。

“樱桃画报”的简介是，“中国睡前无聊协会推荐刊物”。这就是它的应用场景，“读者是一群在睡前无聊的人”。

所以，要针对这类人群的内心“戏”来发力，就要积累有关她们的“梗”，找她们的触点。

《如何假装成一个好妈妈？》发布之前，“樱桃画报”女性用户占比是 60% ~ 70%，然后上升到 82%，成功吸引了更多的目标人群，获得认同。

“场景”这个词的本义，是通过人物行动来表现剧情的一个特定过程。在移动互联网时代，人是最大的场景。

现在，人们之间的交流更多地通过“见字如面”的虚拟连接。微信作为一款强大的社交工具，已经替代了原来的很多种沟通方式，人们被阻隔在手机、电脑后，然后在朋友圈、微信对话框里互动。表情包里的玫瑰花、蛋糕、水果、卡片……替代了真实的祝福，微笑、大笑、搞怪的笑……各种设计好的感官符号替代了声音、目光等那些耐人寻味的、有温度的体验。

如同“APP 一代”，他们 24 小时挂在社交媒介上，网络生活代替了现实生活。

人们更喜欢在别人的文章里看到自己的故事，这样才有“代入感”，才有在网络世界的真实存在感。明确目标人群，才能了解他们的情感、心态、经历、生存环境等因素，找到共同点及互动点，彼此有感。

情境的开发，是通过对人们内心世界和与之相关的外部环境的情景再现来实现的。先是对人的心智、情感产生影响，然后带来启发。心理学，也是很重要的情境性知识。

我曾经在一次国外旅行中和一位资深导游交流，他说：“很高兴你们选择了这条线路，这是我参与设计的。”他的梦想就是让游客不再参加那种“两天十六国”（调侃）的线路，有的国家只是途中过境看一眼而已，以标准的游客身份完成到此一游的旅行经历。他希望从海外多年游历的体验中提取出能带给人不同体验的旅游地点，然后针对不同的人开展定制旅游。

读万卷书不如行万里路，行万里路不如阅人无数。阅读风景、阅读人，最后阅读自己，每个人都期望旅游路线、行人、导游、住宿更能契合自己的心境，为自己带来不错的旅游体验。

比如，去巴黎，有的人喜欢去有更多人文和历史底蕴的地方，坐夜晚游船徜徉塞纳河、看巴黎圣母院的哥特式历史建筑……听底蕴深厚的导游详细讲解书本上看不到的细节，甘之如饴。

但是，汝之蜜糖，彼之砒霜。对于这个浪漫之都、购物天堂，有的人喜欢去“巴黎春天（Paris Printemps）”“老佛爷百货（Lafayette）”体验时尚生活，购买国际品牌奢侈品，流连忘返……导游大篇幅的欧洲人文历史的解说和线路安排则不会让这类购物型游客产生兴致。

一个人员复杂的旅游团，游客的兴趣爱好各不相同，这无法激发导游向某方面深度成长。

传统旅游公司以旅游线路和价位为设计核心，把各类人杂糅在一起，近乎零距离、高频率地安置在一个空间里，提供同一的旅游场景。这种配置近乎粗暴，因为需求不同就会出现“君子和而不同”、无法一起愉快地玩耍的情况。

“用户体验”是互联网时代重要的商业思维，是按线路去组合人，还是按人的特性去开发线路，让线路的情境设计与人的内心和情感高度契合。

当一个人缺乏界限感时，就很难感觉到自己和他人的不同。模糊的界限感会引发压抑和无奈。

在移动互联网时代，我们都生活在不同的社群里，如喜欢运动的社群、喜欢金融投资的社群、分享育儿经的社群。此外，还有各种职业群，滴滴专车有社群，出租车司机也有自己的社群。在同一个社群里，人们的价值观和审美一定是互为认同的。

小众 IP，是指在细分领域的影响力、领导力，通过垂直的内容获得精准的用户，通过对情境的塑造打造独特的氛围，借此形成一种亚文化。

“墨迹天气”一直在对天气预报领域的创新进行发力，发力点就集中于内容的细化和应用情境体验，从宏观的天气预报发展为更精准地捕捉、满足用户的每一个天气需求和体验。

例如，我们要出差去某个城市，首先需要了解出行城市的天气情况。在墨迹的“时景社区”，可以看到温度和晴天雨天等天气数据，还能直观地看到当地人都在穿什么厚薄的衣服等。从天气情况查询延展到如何穿衣、如何搭配，打开从天气到节气再到风俗习惯的内容创新路径。

经过长时间的体验沉淀，“时景社区”也成为用户分享与寄托各自情感的容器。思乡的人通过时景可以看到家乡的变化，爱旅游的人可以看到自己想去但还未去过的地方的照片。在这种社区氛围里，时景中的用户也更加乐于把自己随时随地的室外感受发布到社区里与人分享。

这个功能开始被很多天气预报软件采用，但“墨迹”始终保持着巨大的浏览量与发图量，这是因为用户自己已经成为其中的一部分。

墨迹天气的设计总监认为，从产品上升到人的体验是设计上的升级。产品是可以替代的，但人的体验是不可替代的，相反却是可以累积的。当“墨友”不断带来精彩的时景图片时，“墨迹”的性质就从简单的天气查询软件变成了一个用户体验的载体，承载着每一名用户查询天气背后的情感。好的产品和情境体验让其产生了润物细无声的品牌力量。

2017 年高考后，互联网人才平台自客“出品”了一份有趣的试卷，互联网公司从业考试。其中一个问题是：

用户画像不包含以下哪个？

A. 年龄　　B. 性别

C. 职业　　D. 注册时间

正确答案：D

用户群体往往会基于性别、年龄、偏好、教育等被定位和划分，但对用户画像的研究仅止步于此是不够的。当你推广给用户的内容走进用户端时，你会发现就不是内容这么简单了。它可以产生用户体验、社区文化、小众情怀等很多黏合剂、情感触发剂。

在“人格化 IP”这一节里，提到天气预报也可以用拟人化的方式增强温情播报，让天气数据更有温度感。

挖掘品牌的深层次价值，可以是内容上的深耕，人格魅力的延展，还有对细分应用场景的开发。只有深入理解和解读出用户信息后面的用户体验，才能刻画好用户的内心画像。

长尾理论的市场效应是，人们从追逐大众化的品牌开始转向关注符合自己个性、喜好和情怀格调的小众品牌。大众化的社交网络，回归到更加个性化和有针对性的小众社交网络，后者中的人们乐于分享自己所喜爱的事物，深度挖掘自己的兴趣。

所以，没有内容，只靠卖情怀是难以持续的。但是，只有内容，没有格调，也会显得生涩、难通款曲、不解心意，难以激发激情。

爆款的出现，往往是由于人们自动地转发。人们乐于分享对自己有感觉的事物，愿意在自己的社交网络上传播它们。这就像“波纹效应”，在社交网络的湖面上激起波纹，并不断通过更多人扔石头，使波纹能够继续传播。

这是移动社交时代的传播特点。据 IBM 的观察，从 2011 年开始，很多热点都是通过社交媒体上一波一波的传播产生了影响，不再是依赖拥有百万粉丝到千万粉丝的超级自媒体作为传播的主体。传统的依靠海量投送、对所有人说同样的话，使用同样策略的广告模式改变了。

随着移动社交的逐年推进，现在人们厌倦了社群里的各种打卡、盲目发送的各类广告，患上了“社交媒体倦怠症”，即“当社交媒体的用户被过多的内容、联系人包围，需要花费大量的时间来处理这些信息和关系时，会逐渐减少使用甚至远离这些社交媒体”。

在前面的“复利型人才”中说到，一个头部 IP，往往是在“适合自己的性格与优势的职业情境里，通过时间的积累形成‘复利效应’，达到专业的极致”。

这个过程，就包括对情境的专注体验和挖掘，也包括对各种情境性知识和技能的理解，如心理学之于人力资源工作者，商业情境知识之于管理者，艺术、审美之于工程师，历史、文化、地理、建筑、社会经济和风土人情之于一个资深导游……

每个人都是自己的情境设计师。它为你开启新的视角，如滤镜一般，让你呈现出最美的职业画像。如图 4–12 所示。

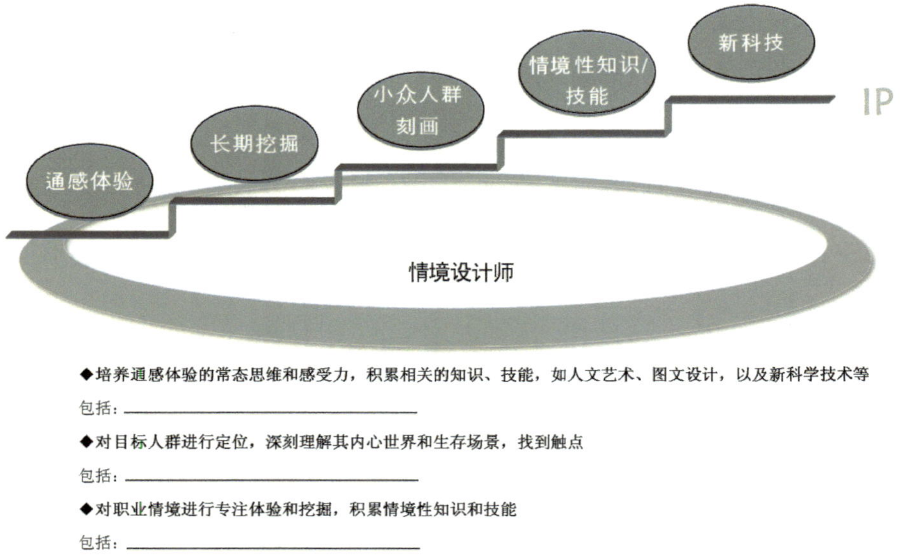

图 4–12　情境设计师的情境要项

小结

1. **情境的刻画：** 通过对目标人群内心世界和生存场景的情景再现，引起共鸣和认同。
2. **小众 IP 的亚文化：** 通过对垂直与细分领域的情境塑造，打造独特的氛围，产生社群黏性。

内容创业者的常备功课

内容创作者要准备的功课和要具备的思维。

几年前，我参加了北京创办较早的一个经营管理类主题的创业读书坊，并且在这里分享了自己的新书。读书会每期都办得很用心，主要是线下分享、微博推广。受场地和传播方式的限制，每次的组织成本都比较高，也不方便进行持续的话题互动。

随着互联网工具和技术的应用，现在可以通过公众号、短视频、直播、问答、社区等多种形式，把知识内容包装并传播出去，内容创业的模式越来越多元化。

内容平台也在兴起，例如，健身、教育、美食等技能分享平台，还有自由职业者平台，让大量人才可以直接面向用户提供服务，而不必再依赖组织。

随着知识付费的浪潮兴起，内容付费平台也在不断增加，如“得到”的订阅专栏、“喜马拉雅”的音频、知乎 Live、值乎和电子书，分答与在行等。

内容创作者群体也在扩展，从最开始的媒体人、学者、大学生等，拓宽到更多领域有专长的人。内容制作范围也从大众的共性需求，延伸到分享各种专业知识和技能，如心理、理财、设计、时尚、管理等，以及满足细分市场的个性化内容，如公众号“夜听”成功地找到了有夜间情感需求的用户。

对于内容创作者而言，最终希望能够实现商业布局和变现。这需要做哪些准备功课呢？它们对自品牌建设能带来哪些益处呢？

1. 内容分享与成长

- 通过与人分享，能促使自己做自我提炼、内容开发，评估自己的优势和特长在哪里。
- 测试自己的影响力，哪些内容主题更受市场欢迎，然后不断迭代与创新。
- 掌握新技术和认知。内容的呈现形式越来越趋向于立体化，文字、图片、漫画、视频等多种媒介形式。例如，有一个做职业技能提升的公众号，在短视频出现后，插入了实习生实习的有趣视频，一下子让文章亮了，引发读者好评。用户导向的思维，会牵动内容创作者不断丰富表达形式。同时，在专业的内容平台上发布，如视频制作平台，也会让你获得新视野，学到新技术。在输入与输出之间，在与外部环境的互动之中，不断成长。
- 抓住红利期。每一次内容渠道的升级都意味着新的机会，有内容积累、有创作经验的人往往更容易捕获这些机会，抓住好的发展期。

2. 积累发展资源

- 积累在平台上的商业资源，流量、人际关系、聚集目标用户等。
- 积累选题方向和内容素材。

有明确的专攻方向，才能把碎片化的学习和经验联系在一起，变成系统工程。与粉丝的高频互动、用户评论区的留言、参加平台的线上和线下活动等，都是内容的灵感来源。

现在很多平台都开始开放创作过程、增加用户参与度，共享创作过程。

例如，墨迹天气的“天气壁纸”软件，是通过天气壁纸的设计还原室外天气体验，让用户有身临其境的感受。为避免生硬的植入感，“墨迹”没有直接采用第三方图片库，而是通过与用户互动征集用户比较满意的天气类摄影作品作为壁纸，既激励了用户，也能为原创图片素材的积累提供有力的保证。

腾讯新闻视频节目《十三邀》，一反传统的电视操作逻辑，把闭合式的编辑方式变成开放式的内容厨房，编导的全部工作流程可以被用户围观和参与。受众的参与方式从“弹幕、评论、转发”升级到更高的层次，了解编导如何组合视频素材、思考的视角等有价值的内容。

这些都反映出内容创作开始从封闭走向开放，创作者把内容生产的过程变成开放的社区，创作者和受众不是两个绝对分开的主体，而是相互融合、共享成果的整体。创作者能随时把握受众的想法，让内容生产更有方向感。

3. 了解和选择契合的内容平台

- 了解内容平台的运营规则和文化氛围。

在内容平台上发布自己的创作，从平台的运营中获得深度体验，这和作为“围观者”的体验是不同的，只有这样才能有机会被平台运营者关注，获得推荐和支持性的资源。

- 了解平台的用户群体。

例如，知乎用户群里 18 ~ 35 岁的年轻人占比很大，互联网从业者也较多。知乎 Live 上的付费内容，成长类的话题（如专注力管理）、职场发展类话题（如面试技巧）、互联网领域的知识技能（如设计师、产品经理的角色控）等，与用户的契合度较高，用户响应基数大，参与和感兴趣的人比较多。

- 选择能产生倍增效应的平台。

多深入了解平台，才能选择与内容匹配的平台持续合作。内容创作会逐渐成为你的另一种身份。平台的竞争也体现在服务能力上，服务能力越强，对于内容创作者而言，越可以专心于内容本身，实现双方共赢。

例如，爱奇艺的平台规划，不仅仅是一个能带来流量的平台，还是 IP 养成平台。爱奇艺首席内容官王晓晖说，通过平台的全方位运营，形成强大的 IP 开发矩阵，助推 IP 价值最大化释放。爱奇艺旗下的 IP 都在不断打通网剧、综艺、动漫、手游、电影、直播等 IP 的衍生路径，围绕 IP 形成全方位娱乐方式，并且通过广告分账模式、VIP 会员分账模式等让内容制造者得到收益。这样能吸引更多内容制造者入驻。

不同的平台，其背后依托的资本、运营模式、合作模式等资源和经验都不同，不同的资源投入带来的效果也是不同的。平台的选择对于提高内容的转化率（“路转粉”）和变现（有付费用户）也是重要的一环。在关注平台的过程中，也应多关心平台的战略规划、最新动态和策略，包括平台创始人的言论和目标，暗含着他们对平台商业模式的解读和走向布局。

4. 建立矩阵式的发展渠道

随着上述三个方面的不断积累，内容创作者可以开拓更多的发展渠道，一方面获取商业变现的机会，另一方面找到新的增长路径。

例如，影视行业的 IP 已经在文字、影视、动漫、游戏等多种行业间转化变现。

培训教育类的课程可以在“喜马拉雅”、腾讯视频、优酷等平台上线，或者在专业教育平台上线。有的平台随着规模和影响力的做大，逐渐细分用户端口，如樊登读书会，从针对个人用户到开设企业端用户。图书与课程类产品有了很多可选择的渠道。

矩阵的形成，源于自品牌影响力、粉丝群、平台等合作伙伴资源、资本的垂青等方面的积累。矩阵带来的收入模式也更加丰富，从知识付费、广告、内容电商到增值服务等。例如，公众号“十点读书”运营成功后，推出了付费课程“十点课堂”，很多读者都成功转为付费用户，这也体现了读者对公众号的认可。

内容创作有哪些关键的思维方式？

经过近几年的发展，内容创业的先行者们积累了很多有效思维，比如用户服务思维、流量思维、产品思维等。这也是互联网时代的典型思维，有很多文章和书籍介绍。用户经过了几年的市场培育也越来越成熟，内容创业现在已经进入一个洗牌和升级的阶段。

有的公众号在市场刚开始兴起时多是以转发为主，因为公众号稀少，能轻松获得很多的阅读量。现在这类没有自己特色的公众号，打开率越来越低。虽然这些公众号偶尔也会出现某篇热点文章有 10 万以上的阅读量，但仅仅是昙花一现，随即又归于空山幽谷、寂寂无闻。

好的内容源成为各家平台竞争的关键，内容开始回归到专业本身。

我曾被邀加入一个名叫“内容 IP”的新社群，社群成员对这个群表示出极大的兴趣。有人说，我很想有一个安静的群，能静下心来分享内容，去标题、去热点、去明星那些事儿。这反映了当新鲜感和热度过去后，人们对优质内容的需求开始增长。

《夜听》就是在很多早期的内容创业进入疲态时成功逆袭的。它的定位是反标题党、不追热点、粉丝自推广，运营团队的精力都投放在内容制作和经营用户方面。每 1 ~ 3 天内，每个人都要给不同的用户打电话近距离地交流，有的粉丝甚至感动落泪，这让其赢得了很高的认同度。

2017 年 5 月 23 日，搜狐在北京举办“搜狐 2017 星图计划发布会”。依托平台的大数据支持及科学算法，搜狐将以月度形式发布星图榜单，从“总阅读数、活跃文章数、发文指数、互动指数”等多个维度对平台内的账号进行影响力排行，帮助内容生产者打造及扩大自身影响力，获得更高的品牌溢价。

从这些指标可以看出，内容是一个长期打造和口碑积累的过程。

搜狐媒体副总裁樊功臣表示，内容平台最良性的运转核心是专注于创作优质内容的人。让这一群人能够持续产生优质内容并获得合理的资源和回报才是创作者、平台、用户的共赢。

所以，在这样一个渐趋理性的市场发展阶段，内容创作者还应抱着 ROI（投资回报）思维来创造价值，这是用“长线思维”来看待投入与回报的关系。商机和回报是一种长期投资的结果，可能第一个月的用户增长很少，第二个月也不多，一年的时候到了瓶颈期，增长停滞，甚至自己的创业倦怠期到来了，爆发期的化学反应还没来。很多爆款公众号都经历了这个过程。

但是，成为爆款的前夜，就在这个中间过程中。创作者了解用户反应，优化内容，增强品牌的市场渗透密度，积累丰厚的经验，获取独家资源。

在内容创作的过程中，可以通过下面这张评估表，每周或每月，以及在每个年度进行自我总结和提示，对取得的点滴进展做备注，这样你能看到品牌积累过程中的成效和短板。如图 4–13 所示。

内容创作准备自我评估表

周/月/年

评估维度	评估内容	进展评估	说明
内容分享与成长性	◆内容开发、优势与特长		
	◆影响力测试		
	◆掌握新技术和认知		
	◆把握市场机遇		
积累发展资源	◆流量、人际关系、目标用户		
	◆选题和内容素材		
了解内容平台	◆平台运营规则和文化氛围		
	◆平台用户群体		
	◆平台服务能力		
建立发展渠道	◆发展矩阵设计		
其他	◆……		

进展示意

图 4–13　内容创作准备自我评估表

小结

1. **建立 ROI（投资回报）长线思维：**在自品牌建设过程中获取独家资源，包括内容选题、素材、口碑、优质用户、合作平台、发展渠道、资本等。
2. **内容创作的准备度评估：**通过细分的内容评估维度，收集创作信息，积累创作经验。

第五章　勾勒自品牌画像

从品牌认知、个性化搜索、品牌留痕等角度，建立为自品牌画像的意识。

身份的引擎
从刻板标签到高能标签

精细的标签，是自品牌的点睛之笔。

当我们为建立自品牌做了很多努力后，还需要画龙点睛的一笔，就是在互联网海量的信息世界里，把它们高效地推广出去。

如同一件件精致的服装登台亮相了，好的摄影师要选取不同侧面，剪辑它的特质，还要从材质、款型、风格、颜色等给它加上标签，贴出它的个性，让它具备个性化搜索的引擎。当它的画像足够清晰、轮廓足够分明的时候，别人更知道为什么喜欢它、为什么选择它。

笼统的、没有个性的表达是最刻板的标签。不管是建立新的自品牌形象，还是改变原有的个人形象，活化、精细的标签，都能快速建立别人对你的新认知，打破固有认知。

横看成岭侧成峰，远近高低各不同。在互联网时代，标签是一个神器。它并不意味着一个人被刻板化，也不意味着一个人被各种标签碎片化了，而是让一个人的很多特性浮现出来，找到各自通向世界的路标，不是混沌一片、面目不清。

标签具有身份快照的作用，能减少别人的认知成本，清晰地看到品牌的形象。

思维导图：身份标签的设计

本章将从两个维度，设计身份标签。各维度的构建要素，如图 5–1 所示。

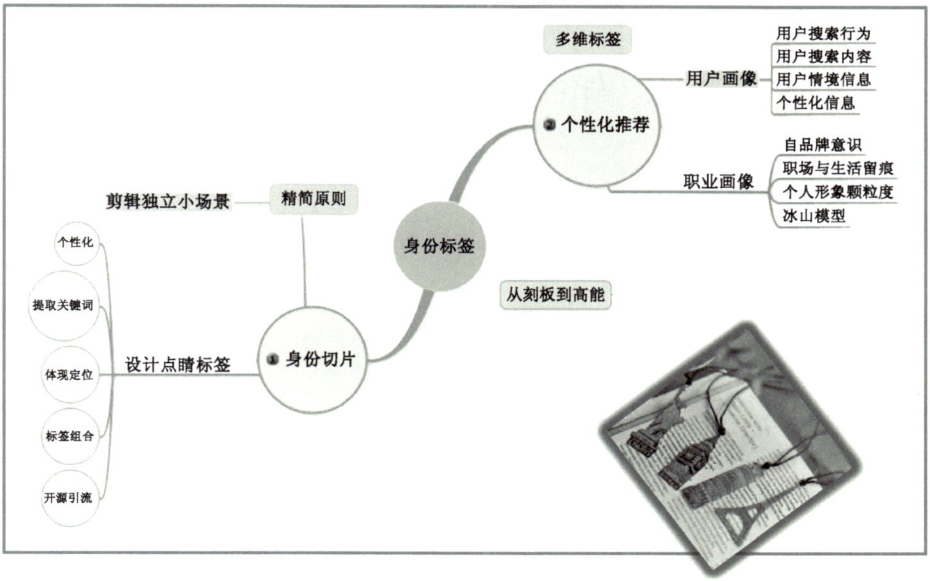

图 5–1　思维导图：身份标签的设计

1. 身份切片

身份切片，是为了精简自己的身份。

选择独特、有代表性、独立的小场景；提炼关键信息、摄取个人定位；贴个性化、精细化的标签，引导别人对你的认知。

2. 个性化推荐

个性化推荐，是为了通过不同的身份标签组合，设计个人画像，借势智能搜索模式，提高品牌的推广和发散度。

如何精简你的身份

提炼个性化的标签，建立清晰的品牌画像。

做场景切片，贴点睛标签

腾讯视频新闻节目《十三邀》，每一集会同时推出 3 种版本：一刀不剪的完整版，大约半小时的精剪版，以及长度 2 ~ 6 分钟不等的分段版。其中，分段版将两个多小时的完整版切成了 27 个片段，每个片段都有一个吸睛的小标题，受众可以选择最能击中自己的小片段去观看。这样的内容分层方式能为用户提供多种选择。相比完整版，精剪版和分段版的点击量最高，更受欢迎。

分段切片后冠以不同的小标题，即在一个长内容中设置出很多小标签，满足受众碎片化的信息消费习惯。

今天，每个人都面临互联网上海量信息的选择，标签的引擎作用，不言而喻。同时，我们面对的窘境还包括陷于自身大量繁芜的信息里，没有精简的画像。

一个忙忙碌碌工作了很多年的职场女性，有一天当她准备做个人品牌时，回看自己的微信、微博，突然发现堆在那里的信息臃肿杂乱，自己一直被淹没在这些信息之后，面目模糊。于是，她开始用“切片”的方式表达自己，提炼自己的身份信息。

以自媒体的文章为例。如果你的公众号文章标题里出现“IP”这个标签，关注的人会有内容创作者，或者程序员，或者知识产权保护者。因为 IP，代表着知识 IP、知识网红，是英文“Intellectual Property”知识产权的缩写，还是英文“Internet Protocol”网络之间互联协议的缩写。

你从人格化的层面探讨知识 IP 的风格，会有价值观研究者、文化研究者关注你。

你分享的典型案例是有关“设计师”成为 IP 的场景，那么会有设计师关注你；你使用了重症患者如何得到创新的知识和技能服务的“医疗案例”，会有重症监护的护士关注你；你使用了传统银行专业人员辞职去干互联网金融的案例，会有金融圈的人开始关注你。

你在毕业季这个时间段探讨如何从“菜鸟”开始进阶成为职场 IP，一定会有大学生关注你。

……

别人认知你的方式，是从一个个独立的切片中认知。你的视野落脚于哪些场景，你的观念聚焦于哪些方面，你和哪类人群频繁互动，都会成为你的切片，牵引出相应的关注者。

切片的选择应该独特、有代表性，每个切片都可以是独立的小场景。一个人的身份在不同的切片里被碎片化了，但每一片都是精致和有意义的。

在电视剧《权力的游戏》中，充满智慧的“小恶魔”识别出他姐姐瑟曦皇后的一个情人，一个判断依据就是从这个情人身上散发出她姐姐从小就喜欢用的特殊的香水味道。在《闻香识女人》这部电影里，香水类型成为辨识每个女人的独特符号。某个元素、某个碎片成为象征一个人的标签。

网络时代，人们往往是因为某个身份特点聚集在一起，各取所需，很难或不需要去完整地了解另一个人。

弱水三千，只取一瓢。如何剪辑自己的职业、生活场景，如何为自己的内容创作设计“微标签”，都会影响别人对你的品牌认知。

微标签，能在多维度上帮助你进行准确定位。

标签应该简洁，个性化的标签具有稀缺性和排他性。简洁意味着要去芜存菁、化繁为简，代表着事物最本质的核心和独特个性。

分众传媒的创始人江南春在多年的对传媒行业的变革体验中感悟到，今天最重要的问题是要简单说出你的差异化，在消费者脑子里面说出选择你不选择别人的理由。你的产品只有在消费者心智当中占据了一席之地的时候，你才会有利润可言。

例如，当滴滴出行等于网络租车后，神州专车司机说，我是专业司机，这是更安全的专车。这里的司机找到了一个特性。

在手机行业，OPPO是拍照手机，VIVO是音乐手机，金立是超级续航手机，小米是高性价比手机，时尚人士用苹果手机，商务人士用华为手机，每个人的选择都非常清晰、独特。

标签具有引擎的作用，提炼关键信息，让自己更容易被搜索到。

现在微博也具有了标签功能，发布的每条微博，都可以提取关键词作为标签，而且可以设计好几个标签，多个标签提供不同的搜索方向。

微信小程序新增了推广功能：支持自定义关键词。小程序的开发者可在后台的“推广”模块中，配置与小程序业务相关的关键词。微信用户可以通过搜索关键词，找到相关的小程序。开发者可查看通过自定义关键词带来的访问次数。

细化自己的标签功能，能更好地进入互联网平台的筛选程序。

标签能减少别人对你的认知成本，有助于自己的定位。

在自由职业者网络平台，进入个人 ID 账号后，展示每个人身份画像的要素包括：专业、任务单、收藏（关注与积累），商务信息（客户邀约、订单情况），财务信息（个人账户），社交信息（消息记录）等。

在平台统一架构的这些要素里，要设计体现自己特色的标签，或者你希望引导的那些方向的标签。比如，“专业”——你的专长所对应的细分领域；任务单——高频交易的任务类型；收藏——主要关注和积累，甚至关注的排序；商务——服务的客户类型等。平台应根据你的标签，绘制出你的身份画像，为你寻找匹配适合的用户，促成你们之间的交易与合作。

标签能带来更高的发散度。没有筛选、没有方向的推送，是低效甚至无效的。个人 ID 在哪个平台着陆，就需要精细地提炼好相应的标签，以便能更好地匹配和链接外部资源。少即多，精简才能有效地为自己开源引流。

标签也可以相互关联、借用，产生新的组合效应和品牌联想。

柳传志在“罗辑思维”上发布“求营销”的英雄帖，为佳沃集团生产的“柳桃”征集营销方案。传统产业出身的柳传志加上互联网创新思维的典型“罗辑思维”，为柳桃打上了“互联网基因”的新标签。

不同标签的组合产生的效应不同。“君子性非异也，善假于物也。”添加跨界元素来借势表达，能产生新的共情、移情、共鸣。

对于持续做自品牌的人，心中始终要有自己的画像，剪辑代表性切片，提取个性化标签，为品牌做注脚、做引擎。

小结

1. 促进品牌认知

   互联网时代的竞争形势是“品牌认知”，有认知才有选择。

2. 建立标签意识，主动贴标签

   精心剪辑自己的职业、生活场景，设计“微标签”，从多维度帮助自己准确定位，减少别人的认知成本。

   标签具有引擎的作用，提炼关键信息，细化标签功能，能更好地在互联网平台的筛选过程中被搜索到。

3. 开发标签的商业价值

   不同的标签会带来不同的资源。设计简洁、有特性的标签，为自己开源引流。

   标签可以相互关联、借用，产生新的组合效应和品牌联想。

借势个性化推荐

在“社交”一节中提到了“粉丝画像”，在“情境化”一节中提到了“小众群体的画像”。用户画像不仅包括年龄、性别、职业、教育等要素，还包括各种细分场景的用户体验，粉丝画像不只是粉丝数量的线性增长图，还包括从核心粉丝到外围粉丝和路人的精确的粉丝结构。

归根结底，用户（粉丝）画像，有助于精准营销。

例如，很多社交平台依靠大数据优势，通过用户搜索行为（比如，访问网页的历史）或搜索内容（比如搜索输入的关键词、感兴趣的网页内容）来识别用户的兴趣，匹配、推荐相关的网页或产品。

如果你在腾讯视频中观看过“科幻类”的电影，那么接下来在你的 ID 账号下，它会不断以“猜你可能感兴趣”的名义推送相关题材的电影，它还会把你曾经看过的东西以“你想再看一遍”的名义向你再推送一轮。你在百度里搜索过“如何清理下水管道”，那么接下来的一段日子里，总能在打开网页搜索时，看到类似网页的推送。

基于用户的情境信息也可以对其进行相关推荐。例如，根据你的地理位置，可以为你推送所在区域的新闻、美食、交通工具、可供交友聊天的人等服务。你的社交网络信息，如 LinkedIn，基于六度人际关系的原理，会把和你有关系或可能产生关系的人不断地推送给你，主动挖掘你的社会关系。

智能化技术的逐步应用，有助于平台基于用户的个性化信息来进行用户画像并实现个性化推荐。

例如，IBM 的 Waston 系统，可以根据旅行者过去的出行记录、喜好、习惯，推荐最佳旅行路线。这样改变了旧的旅游模式：从旅游攻略、线路、机票、酒店、餐饮都要靠自己一一挖掘的模式。

深圳喂车科技提出智慧油站，加油站经营者通过获得车主画像，掌握用户的加油偏好和大数据，为车主提供个性化服务。

网易云音乐每天早晨6：00准时根据你的音乐喜好，更新个性化推荐歌单。而在2013年的时候，主流的音乐产品都是以曲库性的产品为主，用户打开APP之后需要去曲库里搜索。现在用户更希望打开音乐APP就能听到想听的音乐，光靠搜索已经不能满足用户的需求。

个性化搜索的方式，一般是通过设计用户标签、建模和数据分析，形成用户画像。标签，是实现搜索的关键。不同的网络平台，其用户画像不相同，需要抓取的用户标签也不同。比如，职业网络平台不会关注你的婚恋信息，而这个属性是婚恋网络平台的关注重点。平台需要的是一个ID的部分身份属性，而不是全部属性。

在互联网世界里，每个人都是一个有“多维标签的人”，与世界关联的方式，越来越精细化。

其实不仅是人，很多场景也在被标签化。《场景革命》中谈到很多场景的变革，比如酒吧，已经不单纯是酒吧，综合了“德州扑克、杀人游戏、桌游、公司小型餐会、专题发布、微路演”等，形成了精细化的酒吧场景标签，建立了酒吧与外部世界的多维链接。

乔·韦曼在《新动能新法则》中谈到4条互联网法则，其中一条即“亲密联盟法则”。信息技术为我们提供了全新的机会来实现顾客亲密度，大量地收集客户偏好和实际行为来实现更好的推荐，获得更高的顾客满意度，从而达到亲密联盟的效果。

例如，电力行业云端软件的全球领先企业Opower，通过帮助众多用户减少用电来盈利。这不仅是个人用户，还是企业用户和电力公司的目标。

Opower从智能电表收集数据，然后录入一个数据整合系统中。系统中还包括与人口、天气、估税员等相关联的数据。然后，分析引擎会根据这个数据库中的数据对比邻里间的用电量，为客户提供个性化的电费账单及消耗预测，以及假设预测。例如，假设电费上涨可能出现的用电情况。

因为不同的用户有不同的行为风格、个人目标、价值观，因此发送的信息是高度个性化的。这些信息基于“社会证据”（其他人的行为采集）的比对。例如，告诉你72%你的邻居，住房大小跟你相似，但用电量比你少，等等。

Opower能处理巨大数量的数据，建立与每位顾客的关系，提供对你最切实有益的推荐。

对于职业人来讲，走出组织“围城”，塑造自画像，丰富自己的身份标签，是参与职场竞争、引导别人认知自己以及个性化推荐自己的重要依据。

现在企业对求职者的考察，已经不只是“简历 + 面试 + 背景调查”，还包括查看求职者在社交平台上的信息，对求职者进行分析，以及借助分析工具，对其个人特点进行扫描，如性格、兴趣、能力等，以达到对求职者更精准的认知。

淘宝、百度等企业使用的人才雷达推荐系统，能基于每个人在网络上留下的信息，包括生活轨迹、社交言行等进行数据分析，剥离出他的兴趣图谱、性格画像、能力评估，帮助企业高效地匹配人才。

如果是评估技术人员的专业技能，人才雷达会收集其在专业论坛（如知乎、丁香园等）的发帖数、获赞数、引用人的影响力等数据进行建模，判断他们的专业影响力。被推荐人的社会关系也是一个评判重点，能力和朋友圈能成为推荐人职业能力的一个标签。不同的人在社交网络上的行为习惯不同，比如发微博的时间规律，在专业论坛上的时间长短，根据这些行为模式可以判断其生活规律、时间管理能力等。

所以，职业人要有建立自品牌的意识，在职业和生活中给自己留痕，不仅重视在各个企业工作期间的综合表现、薪资福利、职业信用等信息，还有留在社交平台上的发布信息、互动信息、人际关系信息，以及职业测评中的测评信息等。这些会形成数字化的网上名片。

例如，一个人的"信用行为"可能发生在不同的时间和地点，外人很难据此推导出一个人的"信用画像"。但是，互联网技术开始能将一个人的信用行为收集起来并进行分析，从而进行评价。

全球分享经济的泰斗阿鲁·萨丹拉彻举例说，马德里的创业公司 Traity 正在建立一个通用的可移植的信用平台。你在这个平台上的信用包括你在 Uber、eBay 等平台上用户对你的反馈和打分，Traity 还会验证你的身份证，连接到你在 Facebook 和 LinkedIn 等平台的社交信息。Traity 能收集种类繁多的其他资料，包括性格种类、是否献过血、在什么机构做过志愿者等。利用这些保证信用的各项指标更有说服力。

任何让陌生人相信你会言出必行的事情，任何能让你在知道别人的行动前愿意致力于协作的事情，都可以被数字化，然后增加到你的在线 Traity 信用里。

你可以综合运用自己在不同职场、平台的信用积累，不必从头开始，让别人了解你。

同时，从自身形象来讲，注意保持自品牌的各方面精细、完整，能覆盖个人形象的主要方面。更清晰的自品牌则能提供更多和更精确的信息量，让画像的像素更清晰。

图 5–2 所示的冰山模型，是对一个人显性素质和冰山下的隐性素质的描述，从这些维度出发，有助于更清晰、更准确地认识一个人。

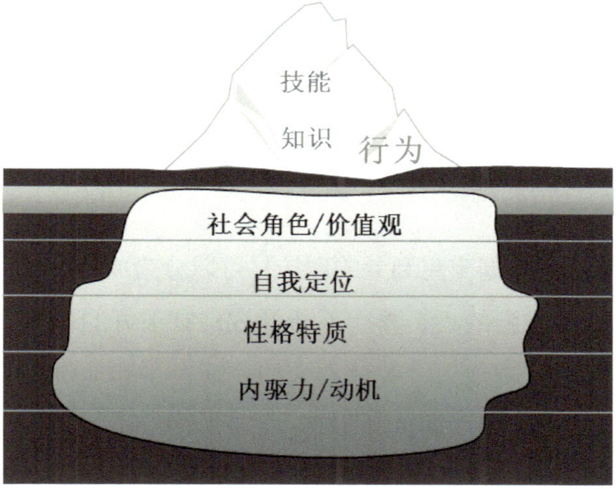

图 5–2　冰山模型

冰山上的显性素质：知识、技能。自己在某些特定领域的专长。

前面提到的“认知”“知识型 IP”“技能型 IP”的塑造，目标是树立自己在这些领域的独特标签，甚至是代表某类知识技能达到极致水平的标签。“斜杠”能力的开发，也是打上了多个领域的能力标签。

行为：在个性化搜索模式中，平台是通过将用户的行为数据化，来分析用户的需求。

关键行为也可以成为自品牌的标签。例如，一个参加过“越战”的战士，给“90后”进行挫败感、逆境培训锻炼，效果非常好。战士不同凡响的一段战场历练，使“逆境商”成为自品牌标签。王石除了曾拥有万科掌门人的标签外，他还用登顶珠穆朗玛峰这个富有挑战性、冒险性的行为，为“掌门人”贴上了“永不畏难”的标签。

冰山下的隐性素质有以下几方面：

社会角色/价值观：呈现给社会的形象。在本书前面的“社交”“人格化IP”的形成中，这个角度的塑造都是关键。它们会呈现独特的人格魅力，这是对人极具感染力的标签。

自我定位：对自己的形象定位。

性格特质：性情和特质。

内驱力/动机：根据麦克利兰的理论，可以分为成就动机、权力动机和亲和动机。成就动机强的人，喜欢不断挑战，有很好的自驱力；权力动机强的人，希望能够影响他人，关注别人的表现；亲和动机强的人，往往主动维持团队关系，是团队关系的建设者。

从自我定位、性格特质到动机，它们会帮助你呈现出鲜明的个性，有助于别人了解你是什么样的人。

2017年7月，天津市妇联开展的《天津女大学生职业决策自我效能现状调查报告》显示，女大学生的职业选择信心中等偏下，只有不到一半的女大学生职业决策自我效能良好。部分人产生自我妨碍行为，觉得“我不行”，职业规划模糊，求职过程中出现焦虑、困惑、迷茫等心理问题。

在我接触过的一些大学生中，他们渴望更多地了解自己，更细致地找到自己的优势，减少这种心理问题。

冰山模型，能帮助你内省——由外圈至内圈开发自己的形象，设计独特的标签，增强自我效能感，也能让外界发现和你深度连接的着眼点。

可汗学院创始人萨尔曼·可汗说："每个人都知道爱因斯坦，但世界上大概有 50 个爱因斯坦活着却默默离开人世，因为我们的世界没能认出这些天才。我想未来的世界，每个人都会发掘自己的潜能，我们可能在各个领域找到其他 50 个爱因斯坦。"

这段话在互联网时代的背景下解读，就是发掘自己，主动为自己贴标签，让别人也能搜索到你。

小结

1. 个性化推荐

   个性化推荐，源于参照用户的个性化信息建立的清晰的用户画像。

2. 职业留痕与丰满的职场形象

   每个人通过"多维标签"，精细化地与外部世界关联。标签具有分析引擎的作用，牵引个性化推荐。

   职业人应走出组织"围城"，丰富身份标签，塑造个性，形成网络名片。

   利用冰山模型等开发个人形象，保持自品牌各方面呈现得精细、完整。

第六章　个性化职场

正在走来的个性化职场，应该有怎样全新的发展形态？

身份的转型
从雇员到合伙人

如何让组织发展与个人发展的夹角最小化，甚至彼此一体，同心共利。

每个时代，围绕身份的社会制度都有其产生的时代背景和主流特点。每个时代都有其发展的动因。历史就是这样不断地螺旋式上升。

互联网知识经济时代，数据和人是价值创造的最重要的资源。

时代推动个体的崛起，各类企业开始思考如何让每个人的价值最大化，成为企业的人力资本，变成企业的合伙人。

企业从“人人都是人才”的新角度，改变精英管理，开启个性化管理，朝向如何能更“懂”员工的人性化方向裂变。

在个性化的新职场时代全面来临之际，原有的雇佣身份也许还存在，但新的身份却在萌芽和崛起。

思维导图：职场创客

本章将从社会上升通道、个体价值账户等两个维度，探讨一个人的身份在时代中的变革及互联网时代的发展趋势。各维度的构建要素，如图 6-1 所示。

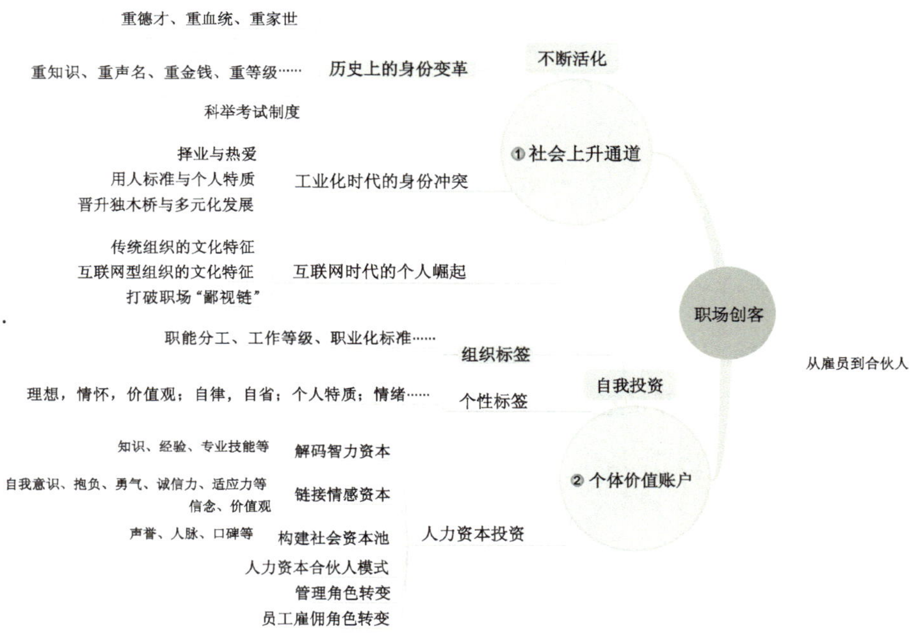

图 6-1 思维导图：职场创客

1. 社会上升通道

历史上的身份变革：从原始氏族社会开始，如何建立人的社会上升通道，贯穿于历朝历代的更迭中。从重德才、重血统、重家世、重长官意志、重知识、重声名、重金钱、重等级等，到科举考试制度，划出身份演变的历史轨迹。

■ 工业化时代的身份冲突

工业化组织与个人需求之间存在各种不能完全吻合的夹角。

夹角 1：择业与热爱是否一致。

夹角 2：用人标准与个人特质能否精准匹配。

夹角 3：晋升独木桥与多元化发展不能同语。

夹角的存在，是组织的痛点，也是现代职场人的痛点，人逐渐被组织异化，缺乏独立的思想和个性。

■ 互联网时代的个人崛起

传统组织的文化特征：等级森严、权威领导、层级繁多、职能分割……已不能适应人才的发展。

互联网型组织的文化特征：扁平化、高度自治、沟通无极限、后喻文化、自我认同、粉丝即员工、员工即粉丝……直接推动了个人的崛起。

从自己出发，打破了职场“鄙视链”。社会的上升通道并不只是面向精英人士。

2. 个体价值账户

首先，分析组织标签和个性标签里的不同要素，然后建立个人的职场价值账户，进行“自我投资”，驱动职业发展。

其次，组织应帮助员工进行自我投资，开发人力资本价值，包括智力资本、情感资本、社会资本。

另外，组织可以通过合伙人、股权激励等管理模式，体现人力资本的价值，让员工成为自主创新与创业的职场创客。

社会上升通道

中国古人一直在探索身份的关键属性和上升通道。互联网时代，这些又发生了怎样的变化呢？

中国历史上的身份变革

中国是世界文明古国之一。在18世纪工业革命之前，有一千多年的时间，中国文化的成就处于世界的顶峰。历史是由人创造的，从原始氏族社会开始，对人的选拔和评价的探索就已经开始了，并一直贯穿于历朝历代的更迭中。

古代原始氏族社会推行禅让制，按照德才进行举荐的原则，推举出部落联盟首领。远古时期的尧禅让于舜，舜又禅让于禹。禹治理滔天洪水，又划定了中国版图为九州，天下从此一统，功绩为历史所记，被尊称为“大禹”，即“伟大的禹”。

尧、舜、禹，是自黄帝以后出现的三个著名的领袖。禹死后，其子夏启以子承父位的方式继承了王位，开创了世袭制，取代了禅让制。

西汉之前，主要掌权者都是世袭制，一般的官员才采取推举制度。当时朝廷把人才分为以下几类：秀士、选士、俊士、造士、进士。其中秀士是指优秀的人才，选士是指被推选的人才，俊士是指道德高尚的人才，造士是指有单方面专长的人才，进士是指被选中的人才。而一旦被朝廷选中，即可参与政治生活，成为统治者中的一员。

春秋战国时期，五霸七雄迭起，各国在激烈的争霸中，为了生存和崛起，无不争相延揽他国人才。比如，秦国自秦襄公以后都推崇人才推举制，广泛搜罗、延揽人才，其以后的主要谋臣商鞅和李斯就是推举产物的代表。很多布衣之士，能够在秦国这个阻力最小的空间里最大限度地发挥才能与智慧。

这样的社会环境使得社会上升通道和空间发生了变化，打破了世袭制产生的社会等级的限制。庶民通过努力也可以成为贵族，成为影响时代的精英，比如在纵横捭阖中大显身手的“布衣将相”张仪、公孙衍等，而不争气的贵族也可能沦为庶民。

在秦国历代君王的推动下，秦国从一个不起眼的西方小国日渐强大。在春秋经传中，秦国九世以上世袭贵族世家不过两家，五代及三至四代世袭贵族居然为零，远逊于周室及齐、楚、晋等世袭气氛浓厚的东方诸侯国。当时的楚国幅员最广，实行的是官员世袭制。楚国最终为秦国所灭，其主要的一个原因就是它的人才选拔制度存在弊端。

在畅销世界的作品《权力的游戏》里，世袭家族长子是法定继承人，成为家族领主，次子等其他孩子是长子的封臣，帮助长子管理内政，并拥有各自的领地。私生子因为血统不纯正，既不能冠以家族的姓氏，也没有继承权，要想转正享有相应的子女待遇，需要家族掌门奏请国王同意，才能被收纳进家族序列，让自己的身份合法化。甚至有的大家族为了保持自己血统的纯正和传承，鼓励兄弟姐妹之间通婚。

这种权力的游戏，本质上是按照血统关系分配权力资源，有很强的封闭性。

汉朝时期汉武帝采用察举制等制度，设定考察条件，大量选拔人才，国家出现鼎盛的局面。“察举制”就是考察举荐，对被察举对象的考察条件包括：

- 德行高尚，有良好的家庭记录
- 学通一门
- 懂国家之法
- 刚毅、多谋、坚贞不屈

用时下的标准来看，这些选拔条件主要集中于品行、知识、守法和某些能力素质等方面。

除了察举，汉朝政府选拔人才的主要方式还有皇帝征召（对一些名闻遐迩、特别有才之人进行征召）等。其中有一个“纳赀”选人的制度不得不提一下，因为这是一个可以花钱买官的制度，这为以后清朝末年买卖官员的盛行埋下了伏笔。

魏晋南北朝时期实行九品中正制，即把人分为九等：上上、上中、上下；中上、中中、中下；下上、下中、下下。吏部据以授官，下上以上即可做官。定品标准形式上是德行和才能，实际却是权势大小和门第高低，造成了“上品无寒门，下品无势族”。而九品中正制演变成为世袭，“公有公门，卿有卿门，贱有常辱，贵有常荣，赏不能劝其努力，罚不能戒其怠惰”。人一出生即已注定了一生的命运。

从晋朝开始，九品中正制就开始不断衰落，这种等级制度造成了根本无法实现广泛地选贤任能的不良后果。

古人经历了数以千年的围绕人的身份要素的探索，包括重德才、重血统、重家世、重长官意志、重知识、重声名、重金钱、重等级等。

直至隋唐时代确立了以知识选拔人才、具有一定公正平等竞争原则的科举考试制度。

它通过考试的方式，使人才选拔有了一个客观的衡量标准，让底层人也有了社会上升通道，也使选官用人有了制度性保障。科举制度自隋唐以来，在中国历史上持续了一千三百多年，被喻为中国古代的第五大发明。

明清时期，科举制度已经变得僵化和形式化，重八股文，只要求考生能写出合乎形式的文章，不重视科技、农业等其他方面的才能，导致国家核心竞争力下降。这是中国在清代为什么开始落后于西方的原因之一。

同时，“学而优则仕”的“官本位”现象，也束缚了人才的多元化发展。明清两朝时，中国的读书人以秀才计，大部分时间都不下 50 万人；把童生算在内则以百万计。当中除少数人能在仕途上更进一步外，多数人都成为了在各地生活的基层知识分子。

在《苍穹之昴》这本书里，形象地讲了一个关于科举的人生故事。一个老举人在第 16 次参加会试时感叹说：“老朽今年已九十有五。如不能及早登科，若到气衰力竭之时，纵然学富五车，也未必能够进士及第。”

会试规定 3 年一次会考，老举人考了 48 年，白发三千丈，何时是尽头……这就是那个年代的职业规划。

身为读书人家的男子，大都以考取功名为人生目标；如果拥有其他的志趣，就会被视为异类。

曹雪芹《红楼梦》里的贾宝玉，就是在考取功名还是做自己志趣之事间挣扎的典型青年。

将“好风凭借力，送我上青天”奉为人生信条的薛宝钗，一直用仕途思想劝勉贾宝玉而遭厌弃；才华横溢的林黛玉，具有诗人的品格和打破禁锢不同流俗的新思想，却与宝玉惺惺相惜、心心相印。宝玉与宝钗、宝玉与黛玉之间，爱情纠葛的深层次是价值观的异同。

红学家刘心武说，作者曹雪芹的时代，所遇到的人生问题是，自己和众姐妹们的聪明才智在当时的社会环境中找不到发挥的地方和使用的价值。

“而与曹雪芹同时期的18世纪的欧洲青年人，特别是富家子弟、贵族子弟，人生道路选择领域非常宽广，有大量机会走出家庭、家族的小圈子去施展才华，搞艺术、搞科学、搞探险、搞征服、搞扩张，有广阔的视野和世界。”

封闭在大观园里的众多青年，个个“才高无用反遭弃”，这是一种极大的对人才资源的浪费。

工业化时代的身份冲突

工业革命时期，社会生产方式在机械化生产方面取得技术性进步，大规模工厂化生产开始取代个体工场手工生产，人开始进入各类公司形式的组织内工作，按照不同的分工来完成整体协作，提高经济效益。职业化是社会生活的一种常态。

亚当·斯密通过“一枚别针的生产”的例子，说明了组织进行劳动分工和协作的模式。

> 生产别针需要截丝、打磨、弯曲等18个环节。在传统手工作坊里，18个环节由一个人完成。一个人先把钢丝截断了，再拉直、再打磨、再弯曲……最后成形，一个熟练的老工匠，一天最多能做20枚别针，如果是一个新手，10枚别针恐怕也做不了……

采用了新型的组织生产方式后，把 18 个环节分成 18 道工序，18个人一天能生产86400枚别针，平均每个人能制造4800枚别针，生产率比原来提升了 240 倍！

这就是典型的“科学管理”，管理者要设计出最有效的工作方式，规划标准的工作动作和流程及工作标准量，来达到最高的生产效率。

基于这种工业化思维，公司组织如同一盘棋，人是组织里的一枚枚棋子，不同的人在不同的岗位上各司其职，通过自己的知识和能力，扮演好自己的角色，完成岗位的绩效标准要求。

组织依据岗位的工作要求，建立对人的任职资格的要求，实现评价和选拔。在如图 6–2 所示中“任职资格体系”所包括的要素，即构成了组织里评价每个人的主要要素。

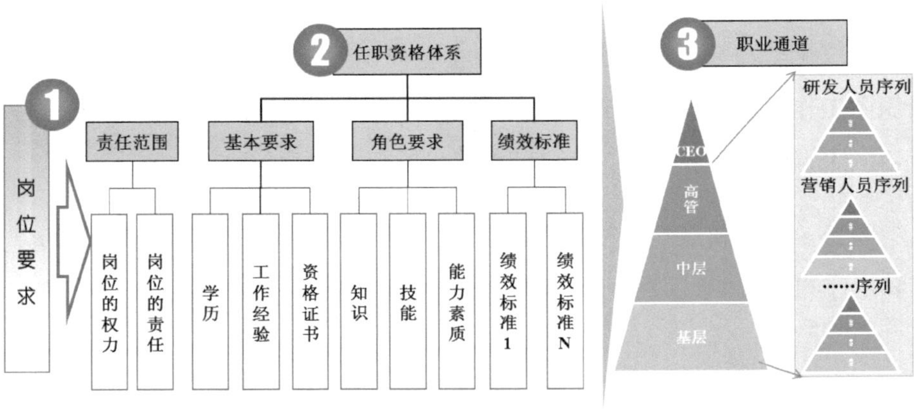

图 6–2　任职资格体系与职业发展通道

但是，这种工业化思维与人自身的需求之间存在着各种不能完全吻合的夹角，如图 6–3 所示。

图 6–3　工业化组织与个人需求的夹角

■ 夹角 1：择业与热爱是否一致？

每个岗位都有特定的职责和约定的权限，从岗位的角度来择人的标准：是否达标——某人是否符合任职资格条件里的一系列要求，以及是否胜任岗位的工作要求。讲究“对岗不对人”，按图索骥，不主张因人设岗。

从人的角度来选择岗位的标准：我是否热爱这份职业。一个人如果做自己不热爱的事情，难以创造出更高的成就。

继而，从岗位价值的角度看，每个人都是螺丝钉，每天上班来打个卡，知道自己该干的事，不越权不逾责，分工明确，越细致越不容易推诿扯皮，按照公司的大小流程相互协作。这样公司的效率才是最高的，管理才是最规范的。

从人的价值的角度看，长此以往，周而复始，自己是否已被这些流程异化，缺少独立的思想和个性，离开公司后还能独立？

组织内相对稳定的工作关系、人际关系，是否会让自己变得思维同化？缺少视野和知识的增长，长期沉淀的人际纠葛是否给自己带来内耗、蚕食工作上的热情和参与度？

一个岗位做久了，慢慢产生职业疲劳，工作变成一种习惯性劳动，缺少意愿，又慢慢滋生出惰性，然后不断地和拖延症做斗争。

如果选择的工作，不是自己喜欢和适合的，从投入和产出的角度看，无数的时间和精力投入后积累出来的知识、经验和行业人际关系，与自己想转型的方向渐行渐远，自己也会形成对过往的路径依赖。

演员冯巩从 1986 年和刘伟合说相声到 2016 年，连续 30 多年参加中央电视台春节晚会，这在所有演员中都是绝无仅有的，他的相声和小品作品也多次获得观众票选大奖。

这得益于冯巩对自己的人生规划。30 年前，他说相声做捧哏时，“一生最大的心愿，就是从这边挪到那边（逗哏）去”。

冯巩曾说：“如果不甘当捧哏，这个错位，即便近在咫尺，也会于心不安。”不安，就会始终躁动，无法坚持和热爱。

同样是说相声捧哏出身的于谦，因为喜欢这个角色担当，他的捧哏生涯也同样出彩。他能把握好场上的火候，左右场上的气氛，能善解人意，与搭档配合默契。

所以，逗哏的郭德纲对于谦有很高的评价，归结为一句话，即具有捧哏之才的特质。做回自己，无疑是最好的追求。

从工业化时代向互联网时代转型的一个特征是，个人在崛起。

一个人身份的变革，首先是从如何活出自己的特质开始。从兴趣和特质出发，是减少自己和职业之间夹角的出发点，让自己和环境能更好地融合。

现在，从兴趣出发选择职业的“90后”越来越多，被称为“只管喜欢的一代”。

教育数据咨询和评估机构麦可思研究院发布的《2016年大学生就业报告》称，大学生创业比例持续增加，大学生创业公司的存活率也在逐渐提升。他们独立自主，有独特的文化气质和鲜明的价值观，能不断学习和创造新的思想和工作。

2006年，内蒙古地区的理科高考状元石悦，本科就读于清华大学建筑系，这个号称清华状元系的专业，研究生是在北京大学完成深造。石悦在校期间的成绩也非常突出，毕业论文被评定为优秀，读研期间更是在北大拿到了含金量极高的国家奖学金。

但是，石悦毕业时面对着一个两难的选择：一边是耗费了8年时间稳扎稳打的专业——建筑，这门复杂精深的学科，一边是让她充满热情的游戏。

最后，她选择游戏，开启了由兴趣驱动的职业。

■ 夹角2：用人标准与个人特质能否精准匹配？

如果说石悦的选择是“兴起而为”，那清华大学建筑系录取和培养石悦肯定是希望能多孵化出一些像梁思成这样的中国建筑学者。从这个角度说，这种“断崖式”的个人发展，不能不说是一个遗憾。相比之下，如果这个录取指标给予了一个更热爱建筑方向的学生，他的所学是否更能开花结果、学以致用、利己利人呢？

2017年高考，上海、浙江作为国家确定的首批新高考试点地区，新高考模式变更为3+3模式。浙江的考试科目变更为“3+3”，前一个“3”，是指语文、数学、外语三门“必考科目”，后一个“3”是指考生可以从物理、化学、生物、政治、历史、地理、技术这7门中任选3门，简称为“选考科目”。在浙江，学生选考科目的组合可以达到35种。

例如，有一个考生，3门选考科目是政治、历史和生物。生物是很多医学专业确定的选考科目，文科见长的她通过这种组合，自己强项的两门文科课加一门生物课，就可以尝试医学专业，将来有机会成为一名医生。如果按原来的文理科分类，她就不可能选考医生。选择自己喜欢的学科，她的学习兴趣会更浓厚，对成绩的提高也有很大帮助。

这种变革从原来的统一考试的模式，变成了“小鬼当家”。学生可以自定目标、自避其短，一旦发现自己的优势，就会专注地去开发。变革给学生提供了更大的选择权。

学历，是一个人的身份要素。高考，是一个人的职业上升通道，国家高考制度变革的方向是让教育更加符合每个人的自我定位和发展需要。

考生在报考时，不同以往的是，要考虑的高校和专业的信息量也增加了很多。如何选择取决于自己如何定位。这就要求考生不单只是闭门学知识，还要对内增加自我认知，多探索自己的兴趣和特长，对外关注和了解不同专业的特点和发展趋势，更好地下好高考这盘棋。

学校和个人更精准地匹配，能使努力、勤奋有的放矢。

2017年，中国职称制度也迎来30年首次大变革。变革的方向就是改变对专业技术人才的评价：不同人要有不同的评价标准。

有的基层医生在某个领域有丰富的临床技术和经验，每年治愈上千例患者，但并没有时间搞科研，所以不能以发表的论文数量来作为其职称晋升的依据。于是，出现了针对治愈患者数量的专门性评价的现象，开始综合考虑每个专业技术人才的能力和业绩成果。

这种职称改革就是要打破“唯学历”“唯资历”“唯论文”的评价倾向，让评价标准更贴近每个人。

并且，职称外语和计算机应用能力考试也不再是所有人评价时的统一标配，而是根据专业需要，由用人单位或评审机构来灵活确定。仅外语这一项，就解脱了多少专业技术过关但因为外语不达标而不能获得技术职称的人。

此次职称制度大变革，关系到中国7300万专业技术人员的职业发展。

2016年12月3日，喜马拉雅FM开启“123知识狂欢节”，号召重视知识的价值。这是国内首个内容消费节，马东、吴晓波、湖畔大学等850位“知识网红”、超过2000个精品课程参与该活动。12月4日零点，5088万的销售数字相当于2009年首届“双十一购物狂欢节”的最终销售额，为知识付费的市场大小可见一斑。

随着各种互联网知识平台的崛起，粉丝数量和用户数量的不断增长，每个人追求自我开发的欲望空前强烈，很多人在互联网上开设自己的账号。人们在网上分享自己的知识、技能和经验，也努力吸收别人的知识，设计自己的成长计划，希望打造个人IP、知识网红，建立自己的品牌。

每天去这些平台浏览，都会看到一个典型现象：很多人，知识与技能开发的领域、内容更新的速度，都飞快地在增长。

传统组织选人、用人参照的任职资格标准是岗位的职责和工作的需要，这是相对稳定和标准化的，难以与每个人的不同特质拟合，存在着夹角。

在夹角里被忽视、不为组织重用的那些个人特质，会促使人们转而在其他互联网平台上寻找施展才华的途径，不断活化自己。传统的组织开始失去它的吸引力。

■ 夹角3：晋升独木桥与多元化发展不能同语。

石悦选择做游戏主播，是因为“这是一个让她永远充满好奇和热情的领域”。做建筑对于她来说是一个常规的选择，从建筑助理到建筑师和高级建筑师，这是一个确定的人生轨迹。

这是人在一个组织里的职业发展通道，在一个岗位上通过不断地积累知识和能力，然后获得晋升的机会，任职资格等级按照初级—中级—高级—首席，或基层—中层—高层—CEO这样的台阶一步步升迁。

这是一个金字塔型的通道，越往上人越少。多数人没有上升通道，存在职业发展的天花板。而在每一级狭窄的通道上，也会不断地面临竞争。如果一个人力资源总监没有离开这个岗位，别人就不会有机会进到这个层级。

这是组织设定的晋升通道和人的发展之间存在的夹角。这种职业升迁模式，对于很多人而言，开始失去它的吸引力。

石悦最开始接触游戏，是在大学期间自娱自乐、自己制作游戏视频，然后和别人一起分享自己的爱好，到最后选择把它当成事业，随后成为人气女主播（在某网络直播平台拥有100多万的关注）。她觉得人生不是规划出来的。

做主播没有稳定的工资收入，随时面临市场的激烈竞争，每个人每个月都不同。人气和影响力直接影响收入的多少。用户实时的评价和反馈，替代了在组织里周期性的绩效评价模式（按年度计划与月度计划等评价绩效）。

于是，石悦很注重自我积累，平时花大量时间去看书、思考，争取在直播的时候能展现更好的内容。不同于各种“庸俗”的主播行为，她成为主播群里的一股清流。

从自己的兴趣出发，对自己的身份会有极大的认同。石悦驱动自己自设目标、学习创新。

在职场上，年轻人越来越不会为了职业晋升而改变生活。这是“后喻时代”的特征。年轻人因为对新观念、新科技良好的接受能力而在许多方面都要胜过他们的前辈，前辈反而要向后辈学习。最具传导价值的不再是前辈的知识和经验，而是后辈的创造革新。

上面这些组织夹角的存在，是组织的痛点，也是现代职场人的痛点。它意味着人不能按自己喜欢的方式度过人生。当互联网时代来临，人们的多元化发展成为可能时，压抑的需求就会爆发，斜杠青年、多重身份这些社会现象的出现就是应运而生。

互联网时代的个人崛起

从自己的兴趣出发，离开了清华北大的学霸标签，石悦的人生一样有声有色。她的下一步目标是除了做主播之外，继续重拾视频制作，开一档新的游戏节目，并且努力做到定期更新。

传统组织和人之间的夹角，本质上反映了在互联网时期，传统的组织文化遇到了互联网文化的冲击和挑战，已不能适应人才的发展。

传统组织的文化特征：等级森严、权威领导、层级繁多、职能分割……

互联网型组织的文化特征：扁平化、高度自治、沟通无极限、后喻文化、自我认同、粉丝即员工、员工即粉丝……

图 6–4 所示为这两种组织在特征方面的一些总结和比对。

图 6–4　传统组织与互联网型组织的文化特征

农业文明时代最重要的资产是土地和农民，工业时代早期最重要的资产是资本、机器和流水线上被异化了的人，人只是流水线当中的螺丝钉。

管理大师德鲁克曾说："不要把员工当机器。"

> 人并不擅长个别动作。人的特殊贡献在于能够完成许多不同的动作，具备整合、平衡、控制、衡量和判断的能力。只有当工作不是由机械化的个别作业所组成，能够发挥人的特质时，才能有效地运用人力资源，包括人的意志、个性、情感、嗜好、心灵。

所以，互联网知识经济时代，数据和人是最重要的资源，人是创造价值的知识工作者。传统企业组织的管理开始从等级森严的金字塔型走向更加扁平化，开放、平等、共享。

从自己出发，打破了很多职场"鄙视链"，如高学历对低学历，一流院校对二三流院校，高职位对低职位，老员工对新员工等。互联网时代直接推动了个人的崛起，社会的上升通道并不只是面向精英人士。

身份是人类社会最初形成的基本要素，身份的获得可以通过以下两种途径完成：

一种是先赋性身份，比如籍贯、年龄、性别、辈分、家世等；

另一种是自致性身份，比如政治身份、职务、职业、专业、学历、技术职称、各种组织成员称号或名誉称号等。

每个时代，围绕身份的社会制度都有其产生的时代背景和主流特点。每个时代都有其发展的动因，历史就是这样不断地螺旋式上升。

在新时代全面来临之际，原有的身份也许还存在，但新的身份却在萌芽和崛起。

小结

1. 历史上的身份变革

从原始氏族社会开始，中国经历了数以千年的围绕人的身份要素的探索，从重德才、重血统、重家世、重长官意志、重知识、重声名、重金钱、重等级等，到科举考试制度。

如何选拔和评价人，贯穿于历朝历代的更迭主线中。

2. 工业化时代的身份冲突

工业化组织与个人需求之间存在着各种不能完全吻合的夹角，人逐渐被组织异化。

夹角 1：择业与热爱是否一致；

夹角 2：用人标准与个人特质能否精准匹配；

夹角 3：晋升独木桥与多元化发展不能同语。

在夹角里被忽视、不为组织重用的那些个人特质，会促使人们转而在其他互联网平台上寻找施展才华的途径，不断活化自己。

3. 互联网时代的个人崛起

传统组织的文化特征：等级森严、权威领导、层级繁多、职能分割……已不能适应人才的发展。

互联网型组织的文化特征：扁平化、高度自治、沟通无极限、后喻文化、自我认同、粉丝即员工、员工即粉丝……直接推动个人的崛起。

个体价值账户

组织应从“人人都是人才”的新角度，进行个性化管理。

组织标签和个性标签

在一个传统的企业组织中，岗位是组织最基本的细胞，岗位上的个人，是构成组织的最小的个体。体现一个人在一个组织中的属性有以下几方面：

A01、B02、C03 等——你所在组织的层级，也往往是一种等级文化的象征，高层、中坚层、骨干层、基层等，这些常常决定了你的身份和影响力。

岗位序列，经营管理序列、研发技术序列、营销序列等——组织按照自身的职能分工，对你进行归类；

年龄、学历、经验等——组织对人进行评价排序的参考因素，也是影响你未来发展的过去式因素。

这些是体现组织属性的标签，强调职能分工、工作等级、职业化标准等。

那么，在这种标准化的、档案式的组织属性里，还缺乏什么要素？——理想、情怀、价值观、自律、自省、个人特质、情绪……这些体现个人属性的标签。

于是问题来了，这有什么不同呢？

不同之处在于，如果把管理对象看作组织，组织里的人都是统一的，通过对人进行整齐划一的管理可提升组织效率，通过可复制的管理可扩大组织规模。

如果把管理对象看作人，那么组织里的每个人都是独特的、有差异性的。

美世管理咨询公司的研究表明：1/3 的员工在工作中感觉不到能够获得属于自己的成功的感觉。员工希望组织能够帮助他们进行“自我投资”，驱动职业发展。

帮员工做自我投资

研究互联网技术的美国作家克莱·舍基在著作《人人时代》中预言，人类社会会进入“人人时代”，每个人都以个人为单位，每个人的价值都会得到体现。

时间轴是体现一个人价值的最客观的人生标尺，及时总结为你累积经验、资历、荣誉，但又不断被新知识和新人迭代，同时也在见证着你的体力、激情的衰退，这些都在你的人生账户里增增减减。

所以，一个人在盘点自己职场价值的账户时，思维往往会被如图 6–5 所示的种种因素影响。

学历、工作年限（经验）、身体素质、心理素质（坚持力、诚实正直）、能力评定（管理能力、创新能力、团队协作能力、学习能力等）、轮岗 / 晋升频率等工作角色转换、职场绩效……然后不断对自己进行规划和再投资，包括学校教育、在职培训、医疗保健、有价值的经历等。

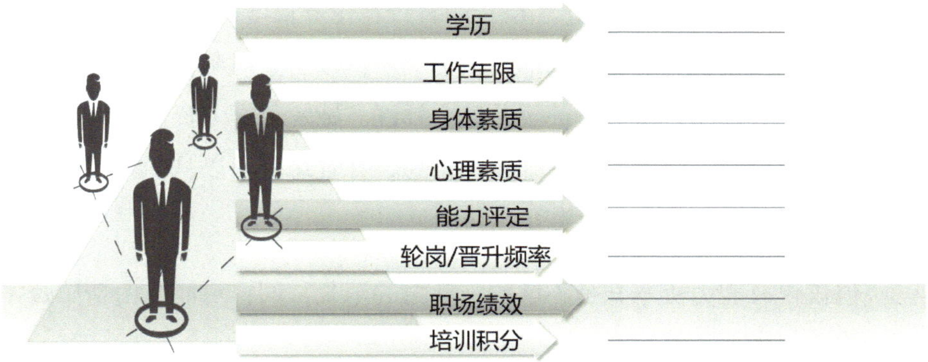

图 6-5　职场价值账户

惠普大中华区总裁孙振耀的退休感言在总结人生履历时说过："人生的曲线应该是曲折向上的，偶尔会遇到低谷，但大趋势总归是曲折向上的，而不是像脉冲波一样每每回到起点……基本上，35 岁以前，我们的生存资本靠打拼，35 岁以后，生存资本靠的就是积累，这种积累包括人际关系、经验、口碑……"

这段退休感言其实有以下两个核心点：

第一，人生要不断地向自己的价值账户充值；

第二，这种充值，充的不仅仅是知识、经验、技能等智力资本，还有自我意识、雄心抱负、适应力、忠诚度等情感资本，以及人际关系资源等社会资本。

所以，实现个人账户的价值最大化，并不是简单地对各个要素进行评分而后叠加，更重要的是，如何将它们激活，保持活跃度。

现在，人是企业最重要的资本，企业的价值更多地取决于员工个体价值的释放度。企业应帮助员工进行自我投资，为每个人建立一个"价值积分账户"，全方位、持续性地评估人力价值，让员工成为公司的人力资本。

《热点定律》的作者琳达·格拉顿曾经在伦敦商学院历经10年的时间研究那些活力高涨、创新涌动的高活力场所或场合、时刻，包括规模不大的小组，或者是项目团队，甚至是整个社区。她发现智力资本是人力潜能的一个关键方面，当人们分享知识和信息，并且想到可以从别人那里学到东西时，会变得充满活力、激动不已。

但仅仅有智力资本又是不够的。活力的消长，同样可能是由情感资本引起的。

然而，潜在活力又不仅仅是热点中所有人的智力资本和情感资本的简单相加。令人激动、成熟、高质量的合作关系，为点燃热点与活力、形成创新的知识与想法的交换提供了动力。

所以，智力资本、情感资本、社会资本三个方面结合起来，就组成了一个人力资本三角形。当这三个方面形成一个相互强化的循环时，人的活力就会出现。如图6–6所示。

图6–6　人力资本三角形

人人互联互通的零距离时代，信息的对称和零距离的沟通，使激发人力资本活力的背景环境更加成熟可期。

■ 解码智力资本

智力资本：企业智力的集合体，包括知识、经验、专业技能等。

要开发企业员工的智力资本，首先要了解企业本身的智力资本状况，同时还要对其进行评估，确定智力资本存量的价值。

图 6-7 所示为基于“个体价值账户”的各要素，设定的人力资本价值评估表。这个表相当于为每个要素建立了一个账户，并设定了最适宜的标准值，将不同时期的人力资本的个体价值与公司设定的标准值对比，统计分析企业人力资本总价值的变化。

指标维度	标准值	标准值确定	标准值说明	对应分值	计分方法/标准	统计来源	统计期限	……
学历								
工作年限								
身体素质								
心理素质								
能力评定								
轮岗/晋升频率								
工作绩效								
培训积分								

图 6-7　人力资本价值评估表

比如，“年龄与最佳创造力阶段”，对于 IT 等创新度超高的领域，确定这个适宜值就非常关键。“年龄与工作经验”，有些企业裁员按照年龄搞“一刀切”政策，把工作经验丰富的员工统一裁掉，看起来降低了人工成本，但同时也减少了企业的人力资本价值。

人力资本价值的分析，能帮助企业进行人力资源管理决策。

通过分析人的需求、个性特征、情感变化等信息，能了解员工诉求与期望，制定更人性化、针对性强的政策。比如，针对员工特长的培训、轮岗等有价值的经历；根据身体及心理健康的监测，设计多元化福利、心理援助计划。

国外一些企业已经采用智力资本报告的形式，对企业智力资本进行识别、测量、评估和发布。

世界上第一份公开的智力资本年度报告，是 1995 年 5 月瑞典第一大保险和金融服务公司——斯堪的亚公司——所发布的。

该公司的副总经理兼首席智力资本主管艾德文森，对公司知识资本状况进行了全面分析和评估，并将其作为传统年度财务报告的补充。这个智力资本模型及其实践被认为是从工业经济时代向知识经济时代转变的一个重要里程碑。

艾德文森在斯堪的亚公司内部创建了一个基于客户、程序、开发、人力资源和财务等方面信息的智力资本报告模型。例如，某部门专门负责监控工作程序方面智力资本的价值，即行政办事效率，就以电话接通率和行政经费作为控制指标，监控和了解企业的智力资本是在增长还是在减少。

人力资本根据特点不同，可被细分为以客户管理为中心、以工作程序管理为中心和以研究与开发为中心的人力资本。

■ 链接情感资本

一个“90 后”的小朋友一天深夜在她的 QQ 空间上发了一条说说：“我来传播深夜负能量，今天好好学习了吗？吃饭有吃得少一点吗？一整天活动超过一千米了吗？我要你们陪我一起开心，然后我就可以安心睡觉。”

互联网时代，员工更能自由地表达自身的情感变化和价值诉求，甚至成为各个员工社群中的意见领袖，引导群体内的共识。企业需要意识到这种变化，打开和员工的情感链接。

员工头脑中的知识只有在有意愿付出的时候才能成为企业的价值，在情感资本与智力资本的关系上，前者是后者的“燃料”。这种“燃料”包括“自我意识、个人抱负、勇气、诚信力、适应力等”。

这倒逼管理者的角色要转变为“人性管理师”，调动组织内的情感资本，让员工成为企业的粉丝，而不是单纯地强化组织的标准化管理规则及绩效KPI。

我曾访谈过一个传统行业的营销总监，这个企业正在“互联网 +”的时代背景下转型为 O2O 模式。新的商业模式要求所有销售人员学习互联网思维，然后把这种思维传递给经销商，使经销商与销售人员思维同步，保证企业真正转型成功。

这种思维转型很难通过给销售人员下达考核指标来完成，它也需要销售人员发自内心地理解、认同这种转型价值。于是，营销总监在内部营造互联网氛围，扁平化管理各个区域的销售员。他们通过建立朋友圈，每天一本书、每天一条微信日志、每个区域 / 每年创新一个营销模式，平等地推进交流、正能量讨论，互相激励，增强未来感、有人关注感，并不断输入新思维、分享成功经验，使整个销售队伍保持坚持力和不断刷新的业绩。

情感资本也包含一种隐性的资源，比如“信念”“价值观”等内在的情感资本，它们指向员工的内心，又外显在员工的工作和客户服务上。

现在很多企业在向“互联网 +”转型中，颠覆传统组织管理，推行倒金字塔型管理模式，让距离市场和客户最近的、能听得见炮声的一线员工决策。

让员工决策、自组织管理，关键是要员工能认同企业的价值观，并传递给客户。顾客对企业的产品和服务的情感体验，通过员工来传递。

一次，我和一个朋友入住如家酒店，朋友的脚负伤行动不便。“如家”的早餐是自助餐，我去餐厅给朋友取自助餐回房间用餐。餐厅里是一个年龄较大的女服务员，我和她说明了朋友的特殊情况，并表明只会取适量的食物。然而，出乎意料的是，服务员并没有表现出恻隐之心，而是说出一句听起来尘封已久的话：“到餐厅就得守餐厅的规矩！食物不能外带。”并进行批评教育，“如果人人都有这些要求，我们还怎么管理？”

显然，这个服务员把自己当成了这一亩三分地的统治者、管理者。这种回答和服务，让顾客对一个企业的体验瞬间从热点降到冰点。

那么，服务员知道“如家”的服务理念是什么吗？像回家一样宾至如归的“家”文化，而它的服务却在人性化服务的另一端。

面对服务行业服务人员普遍不好招聘的现状，年龄较大的服务员在酒店、餐饮、商场等很多服务场所开始出现。从打破年龄限制、更广泛地使用人力资源、在老龄化的社会背景下让更多年龄大的人员有就业机会等角度，这本是一件值得倡导、有利社会分工配置的好事情。但伴随的问题是，企业需要更加用心地培训员工，对他们输出新的服务理念，把他们很久前存留的职业经历、教育进行置换更新，让他们对企业、对顾客和对自己的角色有新的情感链接。

只有满意的员工，才有满意的顾客。

情感需要往往是被忽视的。虽然给予了员工物质需要，但没有满足员工的情感需要，用真情来打动员工，效果也会大相径庭。

当“90 后”“00 后”新新人类，带着激情和鲜明的个性大举步入职场时，我们做好准备去激发他们的情感资本了吗？

■ 构建社会资本池

根据世界银行社会资本协会的界定，广义的社会资本是指政府和市民社会为了一个组织的相互利益而采取的集体行动。该组织小至一个家庭，大至一个国家。

六度人脉理论指出，地球上所有的人都可以通过六层以内的熟人链和任何其他人联系起来。

互联网时代，这个网络已经广泛编织连接起来了。从个人网络到企业网络、社会网络，社会资本蕴含于其中。在社会资本网络里，长期集聚的是声誉、人际关系、口碑等价值指标。

比如，互联网的发展带来了小额贷款的兴起，信贷公司可以通过互联网上借款人的各种数据信息，快速评估其信用。借款人的故意赖账行为，会损害借款人在周围社区中的声誉和信用，从而大大减少他个人的社会资本。

企业内部的社会资本是员工个人或部门拥有的社会资本为组织带来的价值。

企业不仅需要考虑员工的短期表现和薪酬激励，还要考虑把员工作为内部社会资本来培育、发掘潜在价值。从股东价值优先，转向人力资本价值和客户价值优先，人力资本也能参与公司的利润分配。

因此，人力资本合伙人、股权激励等人才管理模式，在互联网时代得到新的发展和创新。

比如，阿里巴巴的合伙人制度创新，人力资本凭借智慧与货币资本共同治理企业，拥有决策话语权。海尔提出“让人人成为CEO”。万科的“项目跟投合伙人模式”，分公司核心团队跟投项目，员工可以出资跟投项目，不同级别的员工设定不同的投资限额。

小米科技提出的合伙人组织扁平化管理、去 KPI 驱动、强调员工自主责任驱动，都是推进实施员工自主化经营。

更多人力资源进入企业资本池，连锁药店或医院、连锁幼儿园、连锁服装店、连锁地产中介、连锁培训机构等的“连锁加盟合伙人模式”，让店长与核心骨干员工成为公司合伙人，公司为优秀的合伙人设立合伙人虚拟股份或创业基金，使公司业务扩张有人才资源。

电商时代，垂直渠道代理得到发展。“销售渠道合伙人模式”让核心销售人才，如大区销售经理等作为公司区域合伙人，取代大区代理商直接服务垂直市场客户，让销售人才在公司平台创业，引爆员工动力，推动公司业绩。

社会资本通过人与人之间的合作提高了组织整合度，也促进了企业与员工的关系不再是简单的雇佣制。

构建社会资本池，能在组织内部建立共同的价值观、合作文化，建立长期的信用、责任感和口碑，把让员工恪守制度升级为恪守价值观和契约精神。

现在很多人在进入职场工作几年后都有一种焦虑感，即 35 岁后如何立足职场。

管理学家德鲁克曾说，后职业生涯规划要做的事，其实是从前职业生涯就埋下伏笔的。比如，你成为自由职业者后，去大学做培训，可能多年前你就开始与院校有合作，并不是突兀地一切都从头开始。

在 35 岁前，好好积累自己的价值账户，为人生做储蓄投资，然后就能够携带自己的资产去自由游历。

小结

1. 组织标签和个性标签

体现组织属性的标签：职能分工、工作等级、职业化标准……

体现个人属性的标签：理想、情怀、价值观、自律、自省、个人特质、情绪……

员工希望组织能够帮助他们进行“自我投资”，驱动职业发展。

2. 帮员工做自我投资

（1）个人的职场价值账户包括的因素

学历、工作年限（经验）、身体素质、心理素质（坚持力、诚实正直）、能力素质（管理能力、创新能力、团队协作能力、学习能力等）、轮岗/晋升等工作角色转换、职场业绩……

组织应为每个人建立“价值积分账户”，帮助员工进行自我投资。

（2）人力资本三角形：智力资本、情感资本、社会资本

当三个方面形成一个相互强化的循环时，人的活力就会出现。人力资本价值的分析，能帮助企业进行人力资源管理决策。

- 智力资本：包括知识、经验、专业技能等。
- 情感资本：包括自我意识、个人抱负、勇气、诚信力、适应力以及信念、价值观等隐性资源。其是点燃智力资本的“燃料”。
- 社会资本：蕴含于个人网络、企业网络、社会网络之中。其长期指示着个人的声誉、人际关系、口碑等价值指标。

（3）创新人力资本合伙人、股权激励等管理模式

把员工作为内部社会资本来培育，发掘潜在价值，从股东价值优先，转向人力资本价值优先。

3. 领导者的管理角色转变

管理者要转变为“人性管理师”，解码智力资本、链接情感资本、构建社会资本池，让员工成为企业的粉丝，而不只是挥舞着组织管理规则及绩效 KPI 的大棒。

4. 员工个人的雇佣角色转变

前职业生涯，应好好积累自己的价值账户，为人生做储蓄投资，然后就能够携带自己的资产去自由游历。